Coaching para el fútbol.
3 libros en uno.

Chest Dugger

Análisis de fútbol

Chest Dugger

Contenido

SOBRE EL AUTOR 8

DESCARGO DE RESPONSABILIDAD 9

Introducción 10

Cómo se utilizan los análisis en el fútbol 11

Análisis en la formación de equipos 20

Ataque Set Play Analytics 30

Análisis de juego defensivo 43

Análisis del rendimiento de los reproductores 49

Análisis de las lesiones de los jugadores 58

Análisis de las combinaciones de los jugadores 63

Casos de Estudio 68

Conclusión 81

Book 2 85

DESCARGO DE RESPONSABILIDAD 87

Introducción 88

Cuando una mariposa agita sus alas en Mongolia 92

El juego de hoy - Cómo las cosas pequeñas han cambiado la historia del fútbol 96

VAR - ¿Sacando los puntos de discusión u obteniendo resultados precisos? 102

Shock Horror - Los jugadores descubren que ocho pintas de cerveza y una bolsa de papas fritas NO es la comida perfecta para después de la partida. 106

Jugando a Capacidad - Player Analytics 108

Nunca reprima una olfateada - Cómo estar preparado para las oportunidades ofensivas 110

Evaluando a Nuestros Oponentes Para Maximizar las Oportunidades de Puntuación 111

Las ventajas de ser un delantero de dos pies 114

Hacer que el paso, la caída del hombro y otros trucos de regateo sean una parte natural de nuestro juego 121

Aprovechar al máximo el mediocampo 131

Haciendo del balón nuestro amigo 132

Conciencia Táctica - Manteniendo la Forma y Haciendo Correr 140

Convertirse en el sueño de un jugador defensivo 143

Ya no es un jugador aparte - El Portero 143

El Sr. Confiabilidad, la Sra. Confiable, el Maestro Atento o la Srta. Nunca Mercurial. 149

El Organizador 151

Hacer que el delantero pague la multa 154

Jugar por tiempo - Conozca las reglas 159

El tapón muere, nace el creador de juego 161

Las áreas técnicas en las que debe trabajar un centro de apoyo 163

Todo está en la mente 167

Pongámonos Físicos 169

Encontrando a Nuestro Compañero de Vida 173

Conciencia Táctica en Defensa 175

El Defensor de Ataque - Respaldos Completos, Respaldos de Ala y Volando hacia Adelante 176

Lidiando con un Mago Lateral - Mirando la pelota, no los pies .. 180

Aptitud Física 183

Todo está en la mente 195

Los Diferentes Aspectos de la Resistencia Mental 198

Algunas maneras simples de desarrollar la fuerza mental.......... 204

Aprender de los mejores 210

Eligiendo Nuestro Modelo a Seguir 210

Huelguistas... 211

Mediocampistas 213

Defensa 215

Conclusión 219

Book 3 225

DISCLAIMER 227

Introducción 228

Fútbol de alto rendimiento versus deporte de alto rendimiento.. 231

Diferentes aspectos del fútbol de alto rendimiento 253

Fuerza en la parte superior del cuerpo - Ejercicios para el fútbol 256

"Pliométricas" - Entrenamientos para la velocidad 263

Resistencia 282

Disciplina mental 294

Dieta 302

Palabras finales 309

SOBRE EL AUTOR

Chest Dugger es un fanático del fútbol, ex profesional y entrenador, que busca compartir sus conocimientos. Disfruta de este libro y de varios otros que ha escrito.

DESCARGO DE RESPONSABILIDAD

Derechos de autor © 2018

Todos los Derechos Reservados

Ninguna parte de este documento puede ser transmitida o reproducida en ninguna forma, incluyendo la impresión, electrónica, fotocopia, escaneado, mecánica o grabación sin el permiso previo por escrito del autor.

Aunque el autor ha hecho todo lo posible por garantizar la exactitud del contenido escrito, se aconseja a todos los lectores que sigan la información mencionada en el presente documento bajo su propio riesgo. El autor no se hace responsable de ningún daño personal o comercial causado por la información. Se anima a todos los lectores a buscar asesoramiento profesional cuando sea necesario.

Introducción

Muchas gracias por comprar este libro. Los análisis juegan un papel cada vez más importante en el mundo del fútbol. Los días de instinto que representan la táctica principal en un juego están pasando, y se está aplicando un enfoque más calculado al entrenamiento y al juego.

Esto tiene la ventaja de proporcionar una base segura sobre la que entrenadores y jugadores pueden aplicar sus habilidades, sus toques de magia que pueden transformar un juego. Este libro explicará qué son los análisis del fútbol y cómo funcionan en un juego.

Analizará las diferentes partes del juego durante un partido y proporcionará ideas y detalles sobre cómo el análisis puede mejorar un equipo durante varios pasajes del juego. Demostrará que es posible llevar a cabo análisis sin necesidad de recurrir a costosos programas informáticos y al tipo de equipo de apoyo que solo es posible en los niveles superiores del juego profesional.

Esperamos que lo encuentres interesante e informativo. Y eso hace que tu equipo, tu entrenador o tu propio juego sean más efectivos.

Cómo se utilizan los análisis en el fútbol

El ex seleccionador de Inglaterra, Sam Allardyce, fue el pionero en el uso del análisis en el fútbol inglés. Su uso del programa "Prozone" cuando era gerente de Bolton Wanderers a principios de siglo abrió el camino para el uso extensivo que tenemos hoy en día.

El pobre Sam, como sabrán los aficionados, era el entrenador de Inglaterra a pesar de que Inglaterra no tenía uno desde hace mucho tiempo. Después de su único partido a cargo, cayó en una trampa de la prensa, cuando fue grabado teniendo una conversación con un periodista que actuaba como un agente falso. Las grabaciones expusieron los vínculos más tenues a los pagos en mano durante los cuales Sam no prometió nada, no dijo nada malo y no ofreció nada inapropiado.

Pero la FA inglesa es la FA inglesa, atrapada en el pasado y notoriamente engañosa: Sam tuvo que retirarse. De hecho, si la FA se saliera con la suya, Inglaterra probablemente estaría jugando con un balón de cuero y pantalones cortos largos usando una cinta como barra en la portería.

Un poco de historia

Pero el Gran Sam, como se le conoce al otro lado del Atlántico (que ahora hace un trabajo increíble llevando a un equipo de bajo rendimiento, el Everton, a la Premier League a la que pertenecen), no fue el creador del análisis. Para ello, probablemente podamos volver a los años 50 y a Charles Reep. Había sido Comandante de Ala en la Fuerza Aérea y, al dejarlo, se convirtió en consultor de varios equipos de fútbol. En los días previos a la computadora, realizaba un seguimiento de los partidos, registrando varios detalles de movimientos de pase, regate, tacleadas, combinaciones que llevaron a los intentos de gol, etc.

Su conclusión fue que la mayoría de los goles venían después de tres pases o menos y, a menudo, fueron el resultado de un contraataque. Este último punto es tan cierto hoy como lo era hace más de sesenta años. Si nos fijamos en los mejores y más exitosos equipos de las principales ligas del mundo, veremos que una de las tácticas que utilizan es la capacidad de convertir rápidamente la defensa en ataque. Estos equipos tienen la capacidad de ser eficaces en las partes de transición del juego y convertir un rápido descanso en una oportunidad de crear goles.

Sin embargo, hay más en estos equipos que esto. Conseguir que el balón avance rápidamente no es efectivo en términos del resultado general a menos que la defensa sea fuerte, porque un equipo que juega "en el descanso" pasará largos periodos sin el balón. Charles Hughes fue director técnico de la Asociación Inglesa de Fútbol durante un período que abarcó a la "generación dorada" de futbolistas ingleses. Pero el equipo, repleto de talento ofensivo, mediocampistas creativos y defensas tenaces, no logró nada más allá de los extraños cuartos de final de la Copa Mundial. Muchos hoy en día ponen el problema en la puerta de Hughes, porque él abogó por un enfoque que se basaba en conseguir que el balón se adelantara rápidamente. Su prueba fue el análisis de un único Mundial, el de Francia 98, en el que vio que la mayoría de los goles procedían de pocos pases y de un rápido avance del balón.

El resultado fue un equipo que intentó hacer avanzar el balón rápidamente, a través de un balón largo y directo. Esto a menudo significaba perderse el talentoso mediocampo. En consecuencia, la posesión se perdió con demasiada facilidad, e Inglaterra fue derrotada por equipos capaces de conservar el balón y crear espacios para los intentos de gol.

Hughes debe ser elogiado por estar preparado para usar datos para apuntalar sus teorías técnicas, pero esos datos no estaban completos, y este es un buen ejemplo de uso de análisis fuera del contexto del juego en su conjunto.

Claramente, hoy en día la teoría de que más pases igualan las mayores posibilidades de perder el balón ya no es tan relevante. Las superficies de juego son mejores, un mejor entrenamiento, sobre todo por el crecimiento del análisis, significa que los jugadores son técnicamente más expertos y, por lo tanto, pasan y controlan mejor el balón.

Así que, después de echar un breve vistazo a la historia del análisis futbolístico, pasemos ahora a ver cómo se emplean en el fútbol moderno.

¿Qué son exactamente los análisis?

En primer lugar, debemos definir qué significa exactamente el término análisis. Cuando se aplica en un contexto deportivo, incluyendo el fútbol, estamos hablando de los procesos a través de los cuales se puede determinar el impacto de un jugador o jugadores en un partido teniendo en cuenta una variedad de datos. Estos datos se refieren al entrenamiento, al juego en equipo y al rendimiento individual. La idea es utilizar esos datos para maximizar el rendimiento de un momento, a menudo mediante el aumento de la calidad y la eficacia del rendimiento de los jugadores individuales.

También se puede aplicar a los equipos y jugadores rivales, para determinar sus puntos fuertes e identificar debilidades que podrían explotarse.

El análisis del fútbol se puede utilizar de muchas maneras. Puede permitirnos:

- Calcular resultado probable de un juego
- Predecir el rendimiento de los equipos
- Predecir el rendimiento de los jugadores individuales
- Elaborar estrategias para maximizar las posibilidades de ganar un partido o torneo.

¿Qué se puede analizar?

Podemos dividir ampliamente el alcance del análisis en tres áreas. Estos son:

Modelo de juegos

En este caso, los análisis habrán identificado una serie de movimientos tácticos que se pueden aplicar a una situación de juego para cambiar el resultado a favor de nuestro equipo. Puede ser un cambio tan significativo como el "Plan B" tan querido por los comentaristas de fútbol. En esta situación hay una alteración completa de las tácticas para hacer frente a una situación problemática - por ejemplo, un extremo rápido está causando todo tipo de dificultades para nuestra espalda. Nuestro análisis realizado en el entrenamiento habrá considerado cambios tácticos para lidiar con esta situación. Puede incluir el cambio de una línea 4-4-2 a una formación 5-3-2 para permitir que un defensor extra apoye la espalda completa. Puede implicar una sustitución para permitir un jugador más defensivo sobre el terreno de juego.

Sin embargo, si bien proporciona información táctica útil para que un entrenador la considere durante el juego, los análisis habrán identificado la organización del equipo que planean usar. Por ejemplo, un oponente al que le gusta utilizar un conjunto alto de jugadores a partir de piezas establecidas podría llevar a un entrenador a establecer su propio equipo de una manera que restrinja el número de esquinas y los tiros libres concedidos.

Los análisis de modelado de juegos también son útiles para la consideración posterior al partido. El análisis del juego después del partido puede identificar los puntos clave sobre los que un equipo puede construir. Por ejemplo, una simple cámara de teléfono puede ser usada para filmar cada rincón de ataque. A partir de ahí, las imágenes pueden ser analizadas para evaluar la efectividad de las esquinas, e identificar por qué están funcionando, o por qué se desmoronan.

Calificaciones de jugadores

Veremos este factor con más detalles un poco más adelante. Sin embargo, en esta sección analizamos el rendimiento, las habilidades y los atributos de los jugadores individuales. Esto ocurre tanto en el partido como en los entrenamientos. Muchos jugadores producen lo mejor de sí mismos durante la competitividad del juego; igualmente, algunos se sienten más capaces de expresarse en el campo de entrenamiento y pueden tener un rendimiento inferior cuando se trata de un juego competitivo.

Debido a que los análisis se basan en datos, el análisis de las puntuaciones de los jugadores se divide en muchas áreas específicas. Tales áreas podrían ser la aceleración, la velocidad de más de 20 metros, la calidad del primer toque, la capacidad de pasar con cualquier pie, la capacidad de controlar el desvío, la competencia aérea bajo presión, la capacidad aérea con el tiempo y así sucesivamente. Lo que surge es una acumulación detallada de las fortalezas y debilidades de un jugador. Esta información se puede utilizar tanto en la planificación del equipo como para ayudar a mejorar a un jugador abordando esas debilidades. Es simplemente aplicar un enfoque científico a lo que solía ser un instinto visceral.

"No es bueno en el aire", podría haber sido un juicio de antaño, basado en ver al jugador despejar el terreno de juego. Pero un análisis adecuado podría ayudar a un entrenador a ver que el jugador es muy eficaz para impedir que su oponente gane balones de cabeza. Así, el defensor trabajaría en la calidad de su remate cuando no está bajo presión directa, mientras que el entrenador lo mantendría en el equipo porque ve que el defensa hace bien su trabajo cuando se enfrenta a un delantero.

Análisis del rendimiento

En este caso, esta herramienta ayuda a los jugadores y entrenadores a analizar su rendimiento durante los partidos. Se basa en datos concretos, más que en impresiones. Por ejemplo, el número de toques, el número de pases cortos exitosos, pases largos exitosos; la precisión de los tiros a puerta con el pie izquierdo, el pie derecho, bajo presión, etc.

Estos datos ayudan al entrenador y a su equipo a desarrollar tácticas para utilizar sus fortalezas y también les indican a los jugadores individuales las áreas en las que necesitan trabajar.

En este capítulo hemos considerado lo que es el análisis del fútbol, examinado su contexto histórico y explorado algunas de las formas en que los datos pueden ser utilizados por jugadores y entrenadores. También hemos considerado algunas de las formas que puede adoptar el análisis. Ahora veremos los elementos individuales del fútbol que pueden ser mejorados, pero el uso del análisis, comenzando con la formación de equipos.

Análisis en la formación de equipos

La gama de formaciones de equipos es amplia, y su empleo es a menudo motivo de gran discusión. Al final del día, hay diez jugadores (excluyendo al arquero, aunque este jugador contribuirá mucho al juego del equipo general en el juego moderno) y pueden ser utilizados de muchas maneras.

En primer lugar, los equipos tienden a adoptar uno de los siguientes - para los principiantes al fútbol, los números comienzan con la defensa, pasan al mediocampo y terminan con el ataque.

Cuatro - Cuatro - Dos: considerado anticuado hoy en día, es un acuerdo bastante defensivo con la defensa y el mediocampo como dos unidades de seguridad. Al contar con cuatro defensas, las posibilidades de que estos jugadores avancen son limitadas en el juego abierto, ya que al hacerlo, la defensa se queda corta.

Cinco - Tres - Dos: muy de moda, y más atacante de lo que sugieren los números. Las cinco defensas significan que dos espaldas completas pueden bombardear hacia adelante para apoyar al mediocampo y atacar, dejando suficientes defensores para hacer frente a la situación si el ataque se estropea. La formación, con ocho o nueve jugadores detrás del balón también significa que es más fácil romper los ataques, y entonces el equipo puede romper con velocidad durante la transición de posesión. Es un sistema que a menudo es jugado por equipos que son efectivos en el descanso.

Cinco - Uno - Tres - Uno o *Cuatro - Dos - Tres - Uno*: Muy atacante. Los tres centrocampistas avanzados apoyan el ataque, y el centrocampista sencillo (o doble) se sienta, protegiendo a las tres defensas de atrás y permitiendo que los defensores anchos se adelanten.

Cuatro - Cinco - Uno: Esta formación se adapta a un equipo con dos buenos alerones que pueden adelantarse y cubrir el mediocampo.

Cuatro, tres, tres, tres: Muy atacante, pero rara vez se usa en estos días. El sistema tiene dos alerones y un delantero central. Sin embargo, no permite un Número 10 natural, ampliamente visto como el jugador más creativo en las formaciones modernas. Además, tener solo tres centrocampistas significa que los equipos pueden estar sobrecargados en este departamento, lo que significa que llevar el balón a los atacantes ocurre con menos frecuencia de lo que sería deseable.

A partir de estas formaciones estándar, los entrenadores pueden hacer pequeños ajustes para tratar de obtener una ventaja sobre la oposición, tal vez manteniendo a raya a un veloz extremo, o negando la posesión ofensiva a un pasador sobresaliente del balón.

Pero las preguntas siguen siendo: ¿qué formación elegir y en qué medida hay que retocarla? Aquí es donde el análisis del fútbol puede entrar en juego.

Cómo utilizar el análisis para decidir la mejor formación

El punto de partida de cualquier partido debe ser nuestro propio equipo. Podemos utilizar los análisis que hemos llevado a cabo para identificar las fortalezas y debilidades de nuestros jugadores. Entonces, podemos construir nuestra formación alrededor de eso.

Dediquemos un poco de tiempo a analizar las características que buscaríamos en las distintas posiciones del parque. Excluiremos al portero de este análisis. En los párrafos siguientes, los elementos del juego que pueden ser evaluados usando análisis están en negrita.

Respaldos completos

El juego moderno requiere una espalda completa para tener una **resistencia** excelente. Necesitamos que el jugador sea una salida de ataque amplia, a menos que vayamos a jugar con **extremos** externos. La espalda completa necesita un **cruce** efectivo del balón. Necesita un **ritmo** excelente para superar a las defensas y a los centrocampistas, así como la capacidad de **cruzar antes**, de que la defensa contraria pueda ponerse en posición. Por último, la capacidad de **lanzar** o **correr con el balón** a toda velocidad también es crucial para conseguir velocidad en los contragolpes.

Esas son algunas de las cualidades ofensivas que necesita este jugador. Defensivamente, la posición requiere **valentía** junto con la **determinación** de ganar las competiciones uno contra uno que se llevarán a cabo con su oponente, el centrocampista ancho o el extremo. La espalda completa debe ser un **cabezazo** competente del balón, o el adversario intentará aislarlo en el segundo palo y enviar centros de gran altura y balanceo. El jugador necesita ser un buen **tackleador**.

Defensores Centrales

Nuevamente, es necesario decir que esta es una posición diferente en el juego moderno de lo que solía ser. La vieja idea de un tapón grande y agresivo ha sido refinada. Ahora el jugador necesita ser más hábil con el balón.

Defensivamente, un defensa central necesita un excelente **sentido posicional** y una buena **comunicación**, ya que esta posición suele ser la que sirve de base para la organización de la defensa. Así como la espalda completa, un buen **placaje**, sigue siendo un buen atributo para tener.

También es necesaria una fuerte capacidad de **cabeceo en** todos los sentidos.

Es una ventaja tener un medio centro que posea algunos o todos los atributos siguientes, aunque debido a que el jugador tiene uno o dos colegas, son menos esenciales si otros compañeros de equipo los tienen. **Comodidad en el balón, buen pase** y **velocidad** son beneficiosos.

Mediocampistas defensivos centrales

Algunos dirán que es la posición menos glamurosa sobre el terreno de juego, pero sea cierto o no, es sin duda una de las más importantes. Un buen centrocampista defensivo central puede permitir que los jugadores más creativos se sientan más seguros en su juego. Puede hacer que los defensores se sientan cómodos para seguir adelante.

Hay dos o tres elementos esenciales en el papel. Es necesario tener una buena **resistencia**, ya que el jugador estará cubriendo y tackleando con regularidad, además de estar siempre disponible para el pase. Una buena **disciplina** es imprescindible. Probablemente es la posición en el fútbol profesional la que recibe más tarjetas amarillas, porque es la posición clave en el parque. La capacidad de **leer** el juego también es crucial.

Aun así es importante, pero no absolutamente vital, una buena habilidad de **pase corto** es muy útil, y no está de más poder realizar pases **flotantes** o **ponderados**. El Medio Centro Defensivo (CDM) a menudo llega tarde a los ataques, tal vez recogiendo el balón a medida que se despeja, y por lo tanto la capacidad de disparar desde la distancia es un arma importante en la armería de un **jugador.**

Por último, como se mencionó al principio, se puede ver como una posición poco glamorosa, el jugador destructivo que protege apacienta y empuja. Un compromiso para emprender esa tarea es, por lo tanto, muy necesario.

Centrocampista Central

La resistencia es imprescindible. Los gerentes de las viejas escuelas se refieren a esto como un "buen motor"; es la habilidad de mantenerse en movimiento, apoyando el ataque un minuto, siguiendo una carrera al siguiente y ganando un tackleo 50/50. La **autodisciplina** para hacer esas carreras de cobertura es importante, como también lo es el **ojo para una meta.** Los centrocampistas centrales suelen ser los jugadores que llegan en posición de goleador y, por lo tanto, no son recogidos. La gama completa de habilidades **de pase** es crucial, ya que las jugadas a menudo se acelerarán como resultado del pase o la carrera de un centrocampista central.

Centrocampista

Esta posición ha evolucionado desde la del extremo tradicional en estos días. Se requiere la **velocidad** de un extremo, pero también una **disciplina defensiva** para volver a ponerse en forma cuando se pierde la posesión. Hacer **carreras** durante una transición para recuperar la posesión es importante, porque el balón a menudo se cambia a un jugador ancho, ya que ahí es donde está el espacio. La **habilidad para cruzar, las habilidades de tiro y las habilidades y técnicas de regate** son factores esenciales, un **ojo para un gol** es importante, para quitar algo de presión al delantero central. El **pase** también es una habilidad muy demandada desde esta posición.

Extremo

A veces visto como un lujo en estos días, sin embargo, un extremo puede ganar partidos. Se requieren todas las cualidades ofensivas enumeradas anteriormente, pero como el trabajo de un extremo es casi exclusivamente ofensivo, se espera un **ritmo** extra, mejores **tiros**, etc.

Número Diez

Antiguamente, a este jugador se le conocía como el segundo delantero; en el juego actual, el número diez es el creador de juego, el maestro, el artista, incluso más que el delantero central. Un número diez posee un **control cercano** sobresaliente, ya que el balón se recibe a menudo en situaciones difíciles. Se necesitan **pases** cortos y largos excelentes. Se espera que esta posición realice tanto goles como asistencias, y por lo tanto se necesitan **tiros** fuertes, así como la capacidad de hacer grandes **carreras** y tener buen **ojo para un gol**.

La lectura del juego es vital, ya que el número diez es el jugador que a menudo "ve" el pase que abre una defensa.

Todavía importante, pero quizás no crucial para poseerlo todo, los atributos de **velocidad, cabeceo, disciplina defensiva** cuando se pierde la posesión y **rastreo** son todos útiles.

Delantero central

Hay, en general, dos tipos de centro-adelante. El tipo Olivier Giroud - el delantero francés es un coloso que puede **sostener** bien **el balón, cabecear** con excelencia, marcar goles y también atraer a otros jugadores con su **lectura** del juego. Giroud es fenomenalmente **fuerte** y **valiente**, sin dar nada en sus peleas con los defensas. También es un **defensor** útil en las jugadas de set, usando su físico y su habilidad de **cabeceo defensivo para lograr un** gran efecto.

El otro tipo se caracteriza mejor por Lionel Messi. La maravilla goleadora tiene un ritmo **explosivo**, una gran capacidad de **regate** y un **equilibrio** soberbio.

Además, cualquier delantero central necesita un **ojo para el gol**, una gran capacidad de **tiro** y un excelente control de **cerca**.

Poniéndolo todo junto

Una vez que se han completado los análisis, el entrenador puede ver la imagen de su equipo. Él o ella pueden seleccionar su formación preferida basándose en las fortalezas de los jugadores que tienen disponibles. ¿Un montón de hábiles centrales? Juega tres y dales la licencia para avanzar. ¿Problemas para encontrar un centrocampista defensivo de calidad? Elige una formación que niegue la necesidad de tal jugador, tal como ir por 4-5-1 o incluso 4-4-2.

Pero todos sabemos que los once mejores jugadores técnicos no siempre son el mejor equipo. Al tomar la decisión final, el entrenador debe tener en cuenta la forma en que los jugadores trabajan juntos. Tendrá en cuenta su **comunicación**, su **resistencia** y su **espíritu de lucha**.

Estos factores serán la pieza final en el rompecabezas de la formación. Después viene el retoque, la adaptación de una formación para hacer frente a las amenazas de la oposición. Si juegan un balón en la baraja, un juego de pases rápidos, entonces la resistencia en nuestro propio equipo se vuelve aún más importante porque el balón se moverá más rápido. Si juegan un juego de alta presión, entonces se requiere un mejor **primer toque** y **control** por parte de cada jugador, ya que habrá una presión constante, en lugar de solo en el último tercio, como sería el caso con un equipo que se mantiene alejado.

Con la información de las habilidades de cada jugador, elegir esa formación es más informado, más objetivo y por lo tanto, con toda probabilidad, más eficaz.

Ataque Set Play Analytics

En este capítulo analizamos las jugadas fijas desde una perspectiva ofensiva. Consideraremos los saques de esquina, los tiros libres en posición de tiro directo, los tiros libres desde ángulos amplios, los lanzamientos de ataque y los penales.

En general, más de uno de cada tres goles marcados es de jugadas fijas, un número muy significativo, por lo que vale la pena prepararse para estas situaciones. ¿O sí lo es?

Esquinas

Conocemos la escena. Un gol abajo y buscando desesperadamente el empate. Nuestro equipo gana un saque de esquina. La multitud se vuelve loca, la adrenalina de los jugadores fluye. Pero no debería ser así. Porque, de hecho, las posibilidades de gol son bastante remotas. De hecho, solo uno de cada doscientos goles en el fútbol profesional es el resultado de un saque de esquina. Esa información proviene del análisis en acción. Una de las razones de esta baja tasa de puntuación es que casi nueve de cada diez tiros desde las esquinas (incluyendo los cabezazos) fallan el blanco. Este es un porcentaje mucho más alto que en el juego abierto.

Pero la razón es bastante lógica si se considera. Los equipos defienden los saques de esquina con números, por lo que conseguir el balón a través de una multitud de jugadores es bastante complicado por sí solo, pero el equipo atacante también está bajo presión. El balón llega al atacante con los defensores cerca. Hay poco tiempo para ponerse en posición, y mucho menos para controlar el balón.

Los datos de análisis muestran que la mejor esquina, estadísticamente, es la esquina corta. Esto se debe a que las defensas enviarán a un segundo jugador para que se ocupe de ellos. La consecuencia es que hay dos jugadores menos que luchan por competir en el área, uno de cada lado. Esto deja más espacio y aumenta la probabilidad de que cualquier disparo o cabezazo sea preciso. Si se va a hacer un saque de esquina largo, entonces es más probable que un balancín de entrada (un centro que comienza en una curva a una distancia de la portería y luego se desplaza hacia atrás hacia ella) dé como resultado un gol que un balón que se desplaza hacia afuera. Estos datos van en contra del punto de vista tradicional de que un *swinger* que sale es una mejor opción porque hace que sea más difícil para el portero reclamar el balón.

Sin embargo, todavía no hay datos suficientes para saber si el *swinger* es más peligroso porque las defensas esperan que el balón se balancee hacia afuera y por lo tanto están menos preparadas.

Las implicaciones para el entrenador, o jugador individual, es llevar a cabo sus propios análisis en su equipo para ver qué jugadores son los más precisos en *swinger* del balón. La segunda tarea consiste en ver qué movimientos hacen que el área esté menos abarrotada, lo que aumenta las posibilidades de un remate de cabeza o de un disparo limpio por parte del equipo atacante.

Tiros libres con efecto directo

Si más de un tercio de los goles son resultado de jugadas fijas, entonces la mayoría de esos goles son el resultado de tiros libres directos. Se convierte un porcentaje mayor de penales, pero hay muchos menos en comparación con los tiros libres directos en las posiciones de tiro.

Podemos usar el análisis para identificar la mejor posición para una patada y el mejor tipo de patada a realizar. A continuación, podemos utilizar el estudio de nuestros propios jugadores para identificar quién es la persona más indicada para ejecutar los tiros, dependiendo de dónde se encuentren.

Comenzando con el análisis de la patada en sí, los más exitosos son los que se golpean con una patada "curva". Por lo tanto, nuestros análisis buscan identificar a nuestros jugadores que puedan realizar mejor esta técnica. Los propios jugadores pueden trabajar en esto. Se crea una patada curva con una amplia carrera hacia arriba, el pie no pateador plantado firmemente en el ángulo de la carrera y el balón golpeado con un golpe firme en la cara, impartiendo efecto. La pierna debe continuar a través de la acción y terminar en una posición alta. De esta manera, se aplican tanto el giro lateral como el superior, y es más probable que el balón evite la pared mientras se aleja del arquero o encuentra la esquina del arco.

Pero los estudios de los análisis nos dan más detalles sobre dónde entraron los mejores tiros libres en la portería. La zona de mayor éxito es la esquina superior, lo que no es de extrañar. En la parte baja de la curva era segundo. Pocos tiros libres se ejecutan, al menos a nivel de élite, a menos que el tiro esté en la esquina, y la altura media es el área más fácil para que un arquero haga una parada.

Cuanto más rápida sea la velocidad del balón, más probable es que termine en un gol. Los tiros con el empeine son más precisos, pero se ha comprobado que la velocidad que imparten es mucho menor que con un tiro libre curvo, por lo que los arqueros pueden salvarlos más fácilmente, aunque tengan más probabilidades de estar en el blanco.

Por lo tanto, nuestro análisis de jugadores está buscando un jugador que pueda realizar la patada, generar potencia y proporcionar precisión. ¡Simple! La mayoría de los goles provienen de tiros libres en línea con la

D del área penal. En los casos en que se lanzan tiros más amplios, la mayoría de los goles se producen en el primer palo. Los goles del poste lejano desde áreas amplias se marcaban más a menudo con un disparo/cruz que rebota delante del portero. Debido a la trayectoria de este tipo de arqueros, se les hace tarde para zambullirse, en caso de que un delantero o defensor consiga tocar el balón con la mano.

Se ha comprobado que la distancia óptima a la portería para convertir un tiro es de 27 metros. Un alto porcentaje de goles de tiros libres que se ejecutan como tiros proviene de desvíos. Menos de lo que cabría esperar son los rebotes, quizás porque los tiros suelen ser altos y cuando un arquero hace una parada, es probable que salga a saque de esquina.

Casi todos los goles marcados con un tiro directo al arco entraron en la meta a menos de un metro del poste.

Ahora sabemos qué decirles a nuestros lanzadores de tiros libres que hagan. Y podemos evaluar, utilizando nuestros análisis, a los mejores jugadores para cumplir con esos requisitos.

Tiros libres de gran angular

Cuando John Henry se hizo cargo de la dirección del Liverpool Football Club, uno de los más famosos y exitosos de todos los tiempos, pero que se había deslizado de los niveles más altos del deporte, pensó que el uso del análisis podría llevar al equipo de vuelta a la cima del juego mundial. Como propietario del equipo de los Boston Red Sox, había empleado un sistema llamado "Moneyball" para dar buenos resultados en el mundo del béisbol. Este sistema identificó el juego más efectivo y buscó usarlo con la mayor frecuencia posible.

Usando datos estadísticos, identificó a los dos mejores jugadores del balón en el juego, y al mejor convertidor de pases, y gastó mucho dinero apostando por ellos. Estos fueron Jordan Henderson, Stewart Downing y, en el medio, Andy Carroll. Todos eran internacionales, pero ninguno merecía el elogio de ser de "clase mundial". El experimento fracasó estrepitosamente; sí, hicieron bien su trabajo, pero el trabajo que estaban haciendo no era, en términos futbolísticos, muy eficaz. Los pases no son una forma productiva de aumentar el flujo de metas. Henry había aprendido que había muchas más variables en el juego más fluido del fútbol.

Estadísticamente, esto plantea la cuestión de los tiros libres desde una amplia área. Estos son más peligrosos cuando están alineados con el borde del área penal y el equipo atacante posee cabeceras de balón fuertes y efectivas, así como jugadores que pueden lanzar centros con rapidez. Cuanto más cerca del banderín de córner esté el tiro libre, más se parecerá a un córner, y sabemos que no son eficaces. Cuanto más profundo sea, más tiempo tardará el balón en entrar en el área y, por lo tanto, más tiempo tendrán que ponerse en posición las defensas para lidiar con él, y más tiempo tendrá el arquero para venir a recoger o despejar el balón.

Utilizando los análisis derivados del análisis de muchos, muchos partidos podemos ver por lo tanto que el único momento para golpear el tiro libre directamente en el área es si tenemos tanto (a) el tipo de jugadores que pueden entregar un buen balón, como otros capaces de llegar al final del cruce, y (b) cuando el balón está en un campo estrecho de entre doce y veinticinco yardas de la línea de banda. Otros tiros libres largos, estadísticamente, son más efectivos jugados cortos y rápidos, utilizando el hecho de que una defensa intentará organizarse y, por lo tanto, no necesariamente espera un pase rápido.

Saques de banda

Los saques de banda en ataque pueden dar lugar a posibilidades de marcar goles, ya que se pueden ensayar. El propio análisis de nuestros jugadores puede determinar si el tiro largo es probable que sea un arma significativa. Tenga en cuenta que hay tres factores que debe realizar el lanzador para que este tipo de arma sea eficaz. En primer lugar, el jugador debe ser capaz de lanzar el balón con una precisión considerable. El balón tiene que entrar en el área que el equipo ha ensayado para asegurarse de que el jugador correcto está ahí para recibirlo, y las carreras fuera del balón por el segundo y tercer receptor terminan con el lanzamiento de *flick-on* que les alcanza.

En segundo lugar, el tiro debe ser largo. Tiene que llegar a una posición en la que el receptor pueda lanzar el balón hacia un área de gol. Finalmente, el tirador necesita ser capaz de generar velocidad. Un tiro plano y rápido es mucho más difícil de defender que un tiro largo y loco.

La siguiente consideración para tener en cuenta es si el equipo tiene jugadores lo suficientemente altos y fuertes en el aire como para ganar ese tiro. Por último, hay que tener en cuenta la oposición. Si tienen un portero que es fuerte para salir y despejar los lanzamientos largos, entonces serán menos efectivos que con un portero que prefiera permanecer en su línea. Del mismo modo, una gran puesta a punto defensiva con muchos jugadores que son buenos en el aire verá menos resultados positivos que contra una puesta a punto más pequeña (incluso si es más móvil).

Sin embargo, los tiros no tienen que ser largos para crear una oportunidad de gol. El otro tipo de tiro de ataque, según demuestran los análisis, que puede causar problemas a una defensa es el tiro rápido. Esto se debe a que el equipo defensor está menos organizado, y si el balón puede volver a estar en juego antes de que esa organización sea restaurada, entonces habrá más espacios en los que los atacantes podrán correr.

Sanciones

De todas las jugadas, la penalización es la más fácil de analizar, porque hay la menor cantidad de variables. Pero hay un giro interesante en este aspecto del juego. Es el único punto en un partido en el que se espera que el delantero marque, y la maniobra está planeada y ocurre con tiempo para que el delantero piense. Con los tiros libres, la expectativa es que el delantero no marque, es una ventaja cuando lo haga. En el juego normal, hay más variables y menos tiempo para pensar, por lo que el instinto (que "ojo para una meta") se vuelve de mayor importancia.

Por lo tanto, con un penalti, no es solo el mejor delantero de un balón el que debe convertirse en el ejecutor nominado, sino el que está tranquilo, o incluso más eficaz, golpeando bajo presión. Aunque sabemos que la práctica influye en la capacidad de un jugador para marcar penales, la presión de un partido no puede repetirse en una situación de entrenamiento.

Por lo tanto, el entrenador podría utilizar sus datos analíticos para tratar de determinar el jugador que es más hábil para golpear el balón combinada con una cabeza fría. Sin embargo, las sanciones son aún más complicadas que eso. Recibir un puntapié desde el punto penal cuando ya está 3-0 arriba pone mucha menos presión sobre el jugador que cuando los puntajes están nivelados, o cuando el equipo está un gol por detrás.

La tanda de penales proporciona un nivel de presión totalmente diferente, y aunque son poco frecuentes en toda la gama de partidos jugados, los entrenadores deben utilizar sus datos sobre "frescura bajo presión" y "golpeo limpio del balón" para ayudarles a determinar el orden de los jugadores que deben ejecutar el tiro desde el punto penal.

El mejor jugador no debe ser reservado hasta el final. En primer lugar, existe el riesgo de que la tanda de penales se decida antes y, por lo tanto, el mejor jugador del equipo pierda la oportunidad de anotar un gol. En segundo lugar, el trinquete de presión llega al nivel máximo a partir de la tercera patada, porque este es el punto en el que marcar se convierte en esencial para mantener a un equipo en el juego.

Dependiendo del nivel en el que juegue un equipo y de los recursos de que disponga, se pueden utilizar otros dos conjuntos de datos para maximizar las posibilidades de convertir un tiro penal en gol.

En primer lugar, los datos de su propio rival. Suponiendo que los factores psicológicos ya han sido evaluados, es bastante fácil medir la precisión, el poder y los porcentajes de puntuación de los jugadores de un equipo. Eso se puede hacer con lápiz y papel. Además de eso, también se pueden usar los datos de dónde un penalizador prefiere colocar el balón.

En los casos en que los clubes tengan acceso a esos detalles, se podrán tener en cuenta los puntos fuertes y las preferencias de la oposición. Sobre todo cuando al portero contrario le gusta bucear. Por lo tanto, si dos jugadores de nuestro equipo tienen un conjunto razonable de datos, pero un jugador prefiere poner el balón a la izquierda de un arquero, pero es ahí donde ese arquero en particular favorece su inmersión, entonces tiene sentido promover al otro miembro de nuestro equipo, al que le gusta golpear a la derecha, para que tome la decisión de tirar el balón en ese partido. Los propios jugadores también pueden utilizar los datos, trabajando para golpear sus penaltis al equipo no favorecido por el portero al que se enfrentan.

Son estos pequeños factores porcentuales los que pueden combinarse para producir una fórmula ganadora utilizando datos.

Las sanciones de defensa también se pueden mejorar a través del estudio de los arqueros. Si saben dónde prefieren los delanteros hacer sus tiros, aumentan sus posibilidades de salvarlos. Estadísticamente, también es una idea razonable que un arquero a veces se mantenga erguido durante un penal. Se golpea a más personas por la mitad de las que a menudo se cree, y una vez que el arquero se lanza, es golpeado.

En la final de la Copa de Campeones de la Liga de Campeones de 2012, hubo pruebas muy claras del uso de los datos de forma positiva por parte de un portero. El Chelsea se impuso al Bayern de Múnich en una tanda de penales. Su excelente arquero había pasado muchas horas estudiando un vídeo de cinco años de penaltis del Bayern de Múnich (¡una buena recopilación de datos por parte de alguien!). Conocía el ángulo de ataque preferido de todos los jugadores de su equipo que lanzaban un penalti. Utilizó estos datos para adivinar dónde se colocarían las penalizaciones. Adivinó el ángulo correctamente cada vez, sugiriendo que la palabra 'adivinado' es un poco despreciativa para la ciencia que había entrado en su propia preparación. Al ir por el buen camino, detuvo dos de los penales, lo suficiente como para ganar la tanda de penales.

Después de haber analizado el importante papel de las jugadas de set desde una perspectiva ofensiva, ahora veremos lo que el análisis puede decirnos sobre la defensa de estos aspectos del juego.

Un mensaje del autor

¿Estás disfrutando el libro? ¡Me encantaría escuchar tus pensamientos!

Muchos lectores no saben lo difíciles que son las críticas y lo mucho que ayudan a un autor.

Estaría increíblemente agradecido si pudieras tomarte solo 60 segundos para escribir un breve comentario sobre Amazon, ¡aunque solo sean unas pocas frases!

Por favor, diríjase a la página del producto y deje un comentario como se muestra a continuación.

¡Gracias por tomarse el tiempo para compartir sus pensamientos!

Su revisión realmente hará una diferencia para mí y me ayudará a ganar exposición para mi trabajo.

Análisis de juego defensivo

Al observar las jugadas defensivas, nos centraremos en los mismos aspectos que en el capítulo que acabamos de leer. Sin embargo, incluimos un vistazo a las penalizaciones desde el punto de vista del arquero, por lo que ese tema ya está cubierto.

Disparos desde tiros libres directos

El hecho es que, si el tiro es lo suficientemente bueno, no hay nada que se pueda hacer para evitar el gol. Sin embargo, podemos usar el análisis para reducir la probabilidad de una puntuación haciendo todo lo posible para detener el intento imperfecto.

No conceda el tiro libre en primer lugar

A la hora de elegir nuestro mediocampo defensivo y defensivo, este es un factor que podemos tener en cuenta. Dado que un alto porcentaje de goles provienen de jugadas fijas, podemos elegir jugadores que estadísticamente regalan menos tiros libres en posiciones de peligro. Buscamos jugadores defensivos con buena autodisciplina, que no se zambullan en las entradas a menos que sea absolutamente necesario. Pep Guardiola, ex entrenador del Barcelona y uno de los líderes de equipo más exitosos del mundo, rara vez se muestra partidario de atacar, de acosar más al balón y de presionar para que el rival pierda el balón. El único momento en que abogaría por un *tackleo* completo es cuando se trata de evitar una oportunidad de gol. Buscamos jugadores con buen equilibrio y agilidad, y buen ritmo, para que sea menos probable que se vean obligados a cometer una falta.

Organizar el muro defensivo

Los muros defensivos hacen un buen trabajo al prevenir que el balón llegue al arco. Idealmente, los jugadores altos deben estar en el muro para evitar que tengan que saltar (dejando así el riesgo del tiro por debajo del muro defensivo).

Manténgase alerta para los rebotes

A un par de jugadores se les debe asignar el papel de asegurarse de que son los primeros en rebotar. Estos no pueden ser demasiado profundos o los jugadores atacantes podrán bloquear legítimamente la visión del arquero.

Tiros libres de gran angular y esquinas

Hay dos escuelas principales de pensamiento con respecto a la defensa de las esquinas y poner el balón de juego en el área desde posiciones amplias. El primero aboga por la marcación del hombre. El segundo es el marcado por zonas.

Marcación realizada por el hombre

Esto funciona sobre la base de que cada defensor asume la responsabilidad de un atacante. Es una táctica arriesgada porque los atacantes pueden combinarse antes de que el balón sea golpeado para proteger al jugador "objetivo" de ser marcado. Tiene la ventaja de que el defensor se está moviendo y por lo tanto puede saltar más alto de lo que lo haría en una salida de pie.

Marcación por zonas

Bajo este sistema, cada defensor es responsable de un área del área penal y busca asegurar que si el balón es alcanzable en su zona, entonces ellos pondrán sus cabezas sobre ella. El principal problema de este sistema es que los defensores parten desde una posición estacionaria, mientras que el atacante tiene una carrera sobre el balón, por lo que es más difícil conseguir altura en el salto.

Aquellos que disfrutan viendo el fútbol en la televisión y luego escuchando a los expertos al final, con frecuencia escucharán críticas al sistema de marcaje zonal. Esto se debe quizás a que cuando tiene éxito, es menos dramático que un hombre marcado como despejado. El balón simplemente no llega a su objetivo. Tal vez también, cuando se marcan goles contra una defensa de zona, el defensor puede parecer débil porque el delantero simplemente los ha superado.

Las estadísticas, reveladas por el análisis, cuentan una historia diferente. La marcación zonal es más exitosa. La diferencia es insignificante, pero está ahí.

Un mejor enfoque

Si están utilizando la evidencia analítica, los equipos deben emplear una defensa zonal. Sin embargo, la evidencia también muestra los riesgos del sistema, como se describió anteriormente. Por lo tanto, los objetivos particulares para el ataque también deben estar marcados. No tiene que ser el mejor remate de cabeza de un balón, sino que debe ser alguien móvil y fuerte. La presencia de tal jugador debería limitar el salto del delantero, permitiendo así que la defensa de la zona haga su trabajo.

Otras posiciones para asegurar

Uno de los grandes debates es si hay que poner o no a un defensor en juego. Las estadísticas sugieren que esto es aconsejable en el poste lejano; el poste cercano solo debe cubrirse si el balón se golpea más allá de esta posición, cuando un defensor debe volver a caer en el poste hasta que el balón se despeje.

Es importante colocar a un jugador fuera del poste cercano para cortar la esquina de este, o el cruce bajo conducido, o incluso la esquina mal golpeada. Este jugador es a menudo el que hace el despeje.

Lo mismo se aplica a la ejecución de un tiro libre largo.

Saques de banda

Lanzamientos largos

Esta es una situación en la que el análisis en juego pasa a primer plano. Es probable que el equipo atacante tenga un juego fijo. Ellos confían en que su objetivo gane el balón y luego marque el segundo balón. Por lo tanto, es probable que el hombre objetivo haga la misma jugada siempre.

El entrenador y los defensores necesitan aprender el movimiento que están haciendo los oponentes y asegurarse de que su mejor cabezazo del balón sea el que desafía al hombre objetivo, y los jugadores están ahí para recoger y despejar el segundo balón.

Los análisis nos dirán que un lanzamiento es más preciso que una patada. Por lo tanto, cuando hay un jugador del otro quipo que puede realizar un tiro rápido y plano, es algo muy difícil de defender. El jugador en la defensa con mayor ventaja es el arquero, ya que es el jugador que puede obtener la altura adicional por el uso de las manos. Por lo tanto, el arquero debe ser el jugador que viene a buscar el balón y tratar de despejarlo a menos que esto lo aleje demasiado de su meta.

Lanzamientos rápidos

Aparte de entrenar a un equipo para que se organice rápidamente, hay poco que hacer para defender esto. Fomentar la toma de decisiones es la mejor manera, por lo que los jugadores están preparados para encajar en los huecos, incluso si no es su posición, para neutralizar la amenaza de un lanzamiento rápido.

Análisis del rendimiento de los reproductores

Podemos crear perfiles de nuestros jugadores de forma muy eficaz. Estos datos se pueden poner en programas de software (el mercado está creciendo) que analizarán los resultados y mostrarán gráficamente las fortalezas y debilidades individuales, grupales y de equipo. Estos datos pueden utilizarse, si las circunstancias lo permiten, para informar al juego táctico, las mejores maneras de contrarrestar los puntos fuertes de los adversarios: cuando los clubes operan de esta manera, pueden ayudar con la política de reclutamiento.

Sin embargo, en el caso de los equipos de clubes pequeños, o de los jugadores individuales de clubes pequeños, los datos pueden analizarse sin necesidad de recurrir a programas informáticos especializados. Las conclusiones de los datos pueden ser menos precisas y es más probable que se cometan errores, pero la información encontrada seguirá siendo útil para que los jugadores y entrenadores identifiquen las fortalezas, debilidades y contribuciones al equipo que un jugador puede hacer.

Deberíamos analizar el rendimiento tanto en los partidos como en los entrenamientos, y esos datos pueden utilizarse para analizar la relación entre dos para un jugador. También demostrará el papel que la presión y la competencia juegan al influir en el desempeño de un miembro del equipo.

En la situación del partido, la evaluación de los datos en los que no se dispone de equipos de seguimiento complejos sigue siendo posible. Una buena manera de hacerlo puede ser asignar a un operativo del club, a un jugador lesionado, a un entrenador asistente -incluso a un aficionado de confianza- para que siga el rendimiento de su jugador, busque y registre los criterios que se van a evaluar.

Preguntas para tener en cuenta al recopilar datos de los jugadores

Es importante ser lo más objetivo posible al recopilar los datos. Estos son los tipos de preguntas que deben ser consideradas al tomar y analizar esa información. Nos hemos referido a los datos observados en humanos como datos "expertos", ya que la persona que toma la información está usando su experiencia para hacer juicios.

- ¿Cuán comparables y confiables son los datos de los expertos en comparación con los datos generados electrónicamente?
- ¿Cómo están calificando los expertos?
- ¿Qué atributos de un jugador parecen ser los más influyentes en su desempeño?
- ¿Las diferentes posiciones en el parque requieren diferentes atributos, y si es así, cuáles son?

- ¿La combinación de la calificación individual permite lograr una calificación de equipo?
- ¿Los expertos consideran el resultado del juego cuando evalúan las actuaciones individuales?

Una vez contestadas estas preguntas, las conclusiones se pueden añadir a las evaluaciones realizadas, lo que las convierte en un indicador más preciso de la capacidad de un jugador.

¿Qué buscamos al evaluar a un jugador?

Esta es una pregunta importante, y la respuesta es directa. ¡Mucho! Es importante obtener una imagen completa del jugador y, por lo tanto, todo lo siguiente podría considerarse importante. Sin embargo, los entrenadores pueden optar por concentrarse en ciertos aspectos del rendimiento y la capacidad de un jugador (al igual que el propio jugador) para desarrollar esto, o porque eso es algo que debe ser abordado en el equipo o porque, desde el punto de vista de la posición, es lo más importante.

La gama completa de consideraciones se presenta a continuación:

Características básicas

Estos son los factores no específicos del fútbol que pueden desempeñar un papel en el rendimiento de un jugador.

- Nacionalidad/idioma de comunicación
- Edad
- Estatura
- Pie más fuerte
- Posiciones de juego

Habilidades de ataque

- Control del balón
- Control de regate (driblin)
- Velocidad de regate (driblin)
- Pase bajo / a nivel del suelo
- Pases elevados
- Ataques de cabeceo
- Velocidad de giro
- Habilidades de giro (esto podría subdividirse para incluir diferentes tipos de giro, como un giro *Cruyff*).
- Habilidades de regate (por ejemplo, tijeras, nuez moscada o finta)
- Acabado a corta distancia
- Tiro al área penal
- Tiros a larga distancia
- Habilidad para dar un volantazo al balón
- Disparar con menor precisión de pie

- Disparar con una potencia de pie más débil
- Disparar con menos confianza en los pies
- Tiro del balón muerto
- Entrega de bola muerta
- Poder explosivo
- Aceleración
- Velocidad
- Calidad de las pistas
- Disposición a correr fuera del balón
- Capacidad de cruzar antes el balón
- Capacidad de pasar antes el balón
- Pase con un solo toque
- Tiro por primera vez (esto se puede subdividir en las categorías de tiro anteriores)

Características defensivas

- Posicionamiento
- Lectura y anticipación
- Proeza defensiva
- Dominada del balón
- Potencia de patada
- Distancia de rumbo
- Salto

- Rumbo bajo presión
- Fuerza
- Marcación realizada por el hombre

Arquero

- Manejo
- Punzonado
- Anticipación
- Reacciones
- Comunicación
- Velocidad
- Recuperación de la caída
- Salto con fuerza a cada lado
- Valentía
- Distancia de patada
- Precisión de patada
- Confianza al patear
- Distancia de proyección
- Precisión de lanzamiento

Características generales (fútbol)

- Formulario

- ¿Cuán propenso a sufrir lesiones?
- Recuperación de una lesión
- Tiro largo
- Capacidad de seguimiento
- Balance
- Resistencia
- Pase balanceado

Características generales (inespecíficas)

- Espíritu de lucha
- Resistencia
- Control disciplinario
- Fortaleza del capitán
- Impacto como sustituto
- Comunicación

Es evidente que un entrenador puede querer ponderar estas características en función de las necesidades de su equipo y de la forma en que desee jugar. Un buen ejemplo fue el del gerente Pep Guardiola. El ex entrenador del Barcelona y del Bayern de Múnich, considerado uno de los mejores del mundo en la actualidad, se hizo con el Manchester City, un club inmensamente rico. Su arquero era el reconocido arquero internacional inglés Joe Hart. Sin embargo, decidió que necesitaba otro hombre entre los puestos. El factor decisivo fue que a Guardiola le gusta jugar un juego basado en la posesión, con un juego que empieza desde atrás. También le gusta empujar a sus defensores hacia delante. Por lo tanto, necesitaba un portero de fútbol. Alguien que podría recibir un pase de regreso con confianza, podría pasar bien él mismo, incluso podría vencer a un atacante apresurado. Era vital para el plan de juego de Guardiola que la pelota nunca fuera pateada con esperanza más que con una intención específica.

Desafortunadamente para Hart, aunque es un buen arquero con una excelente maniobrabilidad y capacidad para detener tiros, sus habilidades futbolísticas son, en el mejor de los casos, intermedias.

Del mismo modo, en cualquier nivel, un entrenador puede decidir que su equipo necesita una gran mitad central capaz de dominar en las jugadas a balón parado. Puede estar preparado para sacrificar otro atributo para conseguirlo, como la velocidad o la habilidad de pasar. Donde su equipo ya tiene altura, él querrá otras habilidades de esta posición.

Podemos ver que está muy claro que un análisis tan detallado de las habilidades de un jugador conducirá a un plan claro para su propia mejora. También mostrará claramente lo que el jugador puede ofrecer al equipo. Al combinar los datos de todo el equipo, se pueden detectar mejor las fortalezas y debilidades generales. El software lo hará de forma rápida y eficaz. Muchos de los programas son ahora asequibles y suficientemente sencillos para ser utilizados por los aficionados, incluso en los niveles inferiores del deporte.

De hecho, aquellos que emprenden análisis, aplican los hallazgos de manera inteligente e invierten el tiempo (más, quizás, dinero) necesario para obtener resultados efectivos pueden encontrarse dejando atrás a los niveles más bajos.

Análisis de las lesiones de los jugadores

Las cuatro ligas más grandes del mundo del fútbol están todas en Europa. La Premier League inglesa es la más fuerte, al menos en cuanto a dinero se refiere; la Liga tiende a devolver a los mejores equipos, aunque eso se debe al Barcelona y al Real Madrid. La Bundesliga en Alemania es muy fuerte, al igual que la Serie A, la liga italiana que pulsa el éxito con períodos de dominación y períodos en los que es mucho menos fuerte. En la temporada 2015, el costo de las lesiones en cada una de esas ligas promedió casi 70 millones de dólares.

Los mejores terrenos de juego y una mayor comprensión de los regímenes de entrenamiento y de factores externos como la dieta y la psicología han visto mejorar las situaciones de lesión, pero el aumento de la competitividad, el número de partidos y la velocidad de los jugadores ha contrarrestado esta situación.

En el mundo de las lesiones de los jugadores llegan ahora los grandes datos de los análisis, y están marcando la diferencia. En todo el mundo del deporte, estamos asistiendo a una reducción de las tasas de lesiones de hasta un tercio, con lesiones del tipo de los tejidos blandos cayendo cerca del 90%.

Los sistemas están todavía en su infancia, y los científicos deportivos todavía están aprendiendo cómo interpretar mejor los datos. Sin embargo, la idea básica es que mediante la recopilación de datos exhaustivos, las grandes empresas de software son capaces de identificar los patrones que conducen al daño. Todos los clubes pueden hacer uso de estos datos para proteger mejor a sus propios jugadores.

Durabilidad

Las lesiones ocurren más cuando los jugadores se cansan física y mentalmente. Los músculos son más parecidos a la tensión, o al desgarro, cuando los jugadores alcanzan el final de su resistencia. Esto tiene dos implicaciones para el jugador y el entrenador. En primer lugar, necesitan desarrollar su resistencia a través de un programa de fitness que les permita durar noventa minutos. A nivel profesional, esto es relativamente fácil, ya que los rastreadores se pueden aplicar en el entrenamiento para identificar el punto en el que un jugador se cansa. A nivel amateur, hay más instinto involucrado, pero se obtendrán beneficios.

El agotamiento mental también contribuye a las lesiones, de dos maneras. En primer lugar, cuando el juicio mentalmente cansado sufre, y los jugadores pueden estirar demasiado o hacer mal las entradas de tiempo. En segundo lugar, un jugador en forma tiene más probabilidades de ser lesionado por un oponente cansado. Esto se evita mejor asegurando que los jugadores puedan mantenerse mentalmente concentrados durante todo el juego, ayudándoles a evitar el *tackleo* o la arremetida fuera de tiempo.

Técnica

Una buena técnica es crucial. Sin esto, los jugadores corren un mayor riesgo de tirar de los músculos o de causar tensiones. Pero incluso más que esto, una mala técnica puede llevar a lesiones por desgaste a largo plazo, algunas de las cuales pueden ser una amenaza para la carrera profesional. Un buen ejemplo de ello es el del exdelantero Michael Owen. El delantero de Inglaterra, Liverpool, Real Madrid, Newcastle y Manchester United prometió convertirse en quizás el mejor del mundo.

Su juego fue construido alrededor de un ritmo explosivo, pero esto se perdió después de una lesión. Seguía siendo un buen jugador, pero esa ventaja había desaparecido de su juego. Eventualmente, el problema se debió a la mala postura, que ha ejercido una presión a largo plazo sobre los músculos, de la que nunca se recuperó por completo.

Una mala técnica también lleva a un jugador a exponerse más a las lesiones en la entrada. El análisis puede ser de gran ayuda en este sentido. Se puede analizar la técnica del jugador en varias habilidades, y cuando hay faltas, éstas se pueden tratar con práctica.

Flexibilidad

El papel del estiramiento es mucho más conocido ahora. El estiramiento efectivo puede agregarse a las rutinas de entrenamiento y adaptarse a las necesidades particulares de los jugadores y posiciones individuales, identificadas mediante el análisis de sus atributos y las demandas de la posición.

Prevención preventiva de lesiones

A veces, cuando se anuncian los equipos, los aficionados pueden sentirse muy frustrados. Su mejor jugador queda fuera o, lo que es más frustrante, en el banquillo. "¿Por qué?" se preguntan: "Si está en forma para el banquillo, está en forma para jugar.

Los análisis de alto nivel, como se obtienen a través de los dispositivos de seguimiento utilizados en el entrenamiento, pueden de hecho identificar que un jugador solo puede ser lo suficientemente apto para la mitad de un juego, por lo que se salva en caso de que sea necesario. El análisis puede haber identificado un mayor riesgo de lesión a largo plazo después de un golpe o esfuerzo menor.

A ningún equipo le gusta estar sin sus mejores jugadores, y a ningún jugador le gusta prescindir de seis partidos porque se arriesgaron con una rodilla maltrecha o con un problema menor de tendones de la corva. Por lo tanto, el uso del análisis puede ayudar a prevenir lesiones en primer lugar y a evitar que regresen cuando parece haber una recuperación.

Proporciona un análisis detallado para el individuo con respecto a la forma física, la técnica y la flexibilidad. Además, la evidencia empírica (grandes datos) puede ser aplicada en un sentido más general para entender los probables tiempos de recuperación completa.

Análisis de las combinaciones de los jugadores

El Barcelona no gana todos los partidos, ni siquiera los que no son contra el Real Madrid. El equipo de la parte baja de la Premier League inglesa a veces derrotaba a los líderes de la liga. Hay sorpresas en las copas cuando los equipos de las ligas inferiores derrotan a sus más talentosos oponentes de las divisiones superiores. Hace un par de años, el Leicester City ganó la Premier League con un equipo que acababa de escapar del descenso el año anterior.

¿Cómo? La respuesta es, como sabemos, que el fútbol es un juego de equipo, y el equipo es más fuerte que once personas.

Por lo tanto, las combinaciones de jugadores pueden contribuir significativamente al éxito de un equipo. Podemos usar el análisis del fútbol para identificar las mejores combinaciones de jugadores a partir del talento que tenemos a nuestra disposición.

¿Qué datos son importantes?

Esto es muy importante. Los datos son de poca utilidad si solo describen lo que ha ocurrido. Solo es útil cuando identifica las causas de las acciones decisivas sobre el terreno de juego.

Como los expertos de la vieja escuela están ansiosos por decirnos, solo hay una estadística que importa: los goles marcados contra los goles recibidos.

En algunos aspectos tienen razón, en otros su punto de vista es demasiado simplista. Necesitamos regresar para ver qué conduce a esos objetivos, y la respuesta generalmente es el juego en equipo. Del mismo modo, si observamos lo que impide que ocurran esas posibilidades, generalmente es el juego en equipo. Ciertamente, hay ocasiones en las que un jugador coge el balón de la línea de mitad de cancha, golpea a tres jugadores y lo entierra en la esquina inferior. O bien, golpeará una volea de 30 yardas contra el techo de la red directamente desde un despeje de cabeza. En raras ocasiones, un arquero hace una increíble parada. Pero sobre todo, se trata de trabajo en equipo.

Son los pases y los regateos los que conducen a las oportunidades de gol, es la defensa sólida y la cobertura lo que impide que esas oportunidades ocurran.

Eso significa que es muy importante conseguir la combinación correcta de jugadores. Debemos tener en cuenta la precisión en los pases, las habilidades en el regate y la forma en que se ejecuta el balón. Tenemos que mirar a los jugadores que se pasan el uno al otro regularmente, leyendo los planes de cada uno. Defensivamente, tenemos que mirar de nuevo a los pares y bloques de jugadores que se cubren bien entre sí. Una parte de eso será la comunicación. Deberíamos analizar los espacios entre centrocampistas, centrocampistas y defensas, y entre los propios defensores. Estos son los factores que conducirán a las oportunidades de marcar goles y, por el contrario, evitarán que se produzcan.

Cómo juzgar las combinaciones de los jugadores

Aquí hay algo de teoría involucrada, y también el uso de los datos recopilados de compañeros de equipo que juegan juntos, tanto en la práctica como en los partidos. El elemento teórico requiere que consideremos las mejores distancias entre jugadores para una capacidad defensiva óptima; y al atacar, las mejores posiciones para hacer un pase decisivo que cree una oportunidad de gol.

Mesut Özil ha encabezado el número de pases de oportunidad durante la mayor parte de las últimas seis o siete temporadas en todas las grandes ligas europeas. Por lo tanto, no es de extrañar que haya conseguido una estructura salarial que rompe el aumento de sueldo de su actual club, el Arsenal.

A partir del análisis de los datos, recogemos de diferentes grupos de jugadores que trabajan juntos y podemos evaluar, al menos estadísticamente, las mejores combinaciones para nuestro equipo. Sin embargo, también hay un factor psicológico en la elección de las combinaciones de jugadores. Un equipo no tiene que estar formado por los mejores compañeros, pero sí tiene que haber confianza entre ellos. Una parte de eso viene de la calidad; es más probable que pasemos a un jugador que va a hacer algo con ese pase. Otro elemento viene del ritmo de trabajo - vamos a estar más cómodos compartiendo el mediocampo defensivo con un compañero que trabaja duro para cubrir carreras, hacer placajes, pastores y acosos que con uno que nos deja la mayor parte del trabajo a nosotros mismos, por muy bien que estén en el balón. Y, por último, está el elemento indefinible, la forma en que ciertos actores entienden naturalmente lo que harán sus socios. Esa habilidad mejora jugando juntos y entrenando juntos.

El mensaje para el entrenador aquí es que una vez que se establezcan las asociaciones, es una buena idea seguirlas.

El uso de sustituciones para cambiar un juego

Podemos emplear sustitutos para reemplazar a jugadores cansados y lesionados, o para hacer un cambio táctico para proteger una ventaja o recuperar un déficit. Se ha investigado mucho en esta área, y ahora conocemos los momentos en los que estadísticamente se puede lograr el mayor impacto.

Teniendo en cuenta que hay una probabilidad menor de que el juego cambie como resultado de una sustitución, si es así, las estadísticas sugieren que el primero no puede ser posterior al minuto 58. El segundo debe seguir la marca del minuto 73, puede ser antes, pero no más tarde. Luego, la sustitución final ocurre en el minuto 79 o antes.

Casos de Estudio

En este capítulo veremos algunos ejemplos de análisis utilizados a nivel profesional.

Estudio de caso uno - Uso del análisis estadístico para promover un mayor éxito con movimientos particulares - Conceptos previos desafiantes

Aquí dos ejemplos breves de cómo un análisis simple, del tipo que cualquier aficionado al fútbol entusiasta puede llevar a cabo, puede demostrar la diferencia entre el instinto y la realidad.

Esquinas: No muchos goles vienen de los rincones. Pero cuando el Manchester City, lleno de los dólares de Oriente Medio de su benévolo dueño, no anotó ninguno, sus analistas intentaron averiguar por qué.

En aquel momento, el Manchester City trabajaba sobre todo en las curvas. Cuando estas funcionan, el objetivo principal que sigue es impresionante. Un golpe puro, el arquero se marchó en tierra de nadie, el contacto limpio envió el cabezazo a la red. Desafortunadamente, eso no sucede a menudo, aunque cuando lo hace, se queda en la mente.

Los analistas estudiaron miles de videos de tiros de esquina - el tipo de cosas que cualquier entrenador puede hacer en la televisión por cable, o a través de videoclips. Su descubrimiento fue que las curvas oscilantes eran de tres a cuatro veces más exitosas. Sí, los goles marcados eran a menudo en propia meta, el balón se desviaba de un defensor, o los errores del portero se cometían bajo presión. Por lo general, estos objetivos eran escasos. No se quedaron en la mente de los entrenadores. Pero la verdad para un equipo profesional de primer nivel no es diferente que para el equipo de la liga dominical lleno de vendedores, maestros y mecánicos. La pelota golpeada al poste cercano, pie de página derecho desde la izquierda y viceversa, dará como resultado más goles que la entrega opuesta.

Desafortunadamente para los fans y jugadores del Manchester City. Manuel Pellegrini, el entrenador de la época, no se dejaba convencer fácilmente. El enfoque del equipo en los saques de esquina no ha cambiado, y en ocasiones se ha utilizado un buen objetivo para apoyar el sistema. Pellegrini dejó el club, fue reemplazado, no mucho más tarde. Tal vez los dos eventos estaban parcialmente conectados.

Las tandas de penales suelen ser la diferencia entre la progresión a las fases finales de las competiciones y el regreso a casa. Se han realizado numerosos estudios que examinan la mejor manera de aplicar sanciones: visualización, práctica, etc., pero el análisis puede añadir una dimensión adicional. Los estudios publicados en el sitio web ucanalytics.com demuestran que, en la decisiva penalización de una tanda de penales, los arqueros permanecen en el centro de su portería solo el 2% de las veces (en lugar de moverse hacia la izquierda en el 57% de las ocasiones, y el 41% hacia la derecha); esto se debe casi con toda seguridad a que la presión por hacer la parada clave los empuja de una u otra manera. Eligieron la acción positiva en lugar de esperar un tiro directo. Curiosamente, la penalización decisiva en una tanda de penales solo tiene una tasa de acierto del 44%, muy inferior a la media del 75%. Por lo tanto, empleando estos análisis podemos aconsejar a nuestro tomador decisivo para golpear la bola recta - entonces debería anotar el 98% del tiempo!

Hasta que, por supuesto, los arqueros descubran que este es el doble engaño que usarán sus oponentes.

Estudio de caso dos - Charles Hughes: Cuando los análisis no dicen la verdad

No hace falta decir que cuanto más grande sea la muestra utilizada para estudiar el análisis del fútbol, más a menudo se revelará la verdad. Se pueden utilizar muestras más pequeñas para formar hipótesis y promover ideas para pruebas posteriores, pero en el caso de Charles Hughes, director técnico de fútbol de la Asociación de Fútbol de Inglaterra, el hecho de no usar una muestra satisfactoria condujo a la inutilización del juego en inglés , y la negación de posiblemente la generación más fuerte de futbolistas que se haya puesto la camisa de los tres leones.

Hughes siempre fue un defensor del juego de balón largo. Ciertamente, en los años setenta y antes, la asombrosa mala calidad de los terrenos de juego en Gran Bretaña contribuyó a ello. Mientras que los jugadores europeos y sudamericanos desarrollaban habilidades de alta calidad en el control, el pase y el tiro en superficies firmes y planas, el barro anegado que constituía el típico campo de juego de base británico ofrecía pocas oportunidades para el desarrollo de tales habilidades. Simplemente, el rebote del balón era impredecible, el arrastre del balón era virtualmente imposible de juzgar.

El resultado había sido, durante generaciones, fácil de predecir. Volviendo al nivel escolar, los que progresaron mejor no fueron necesariamente los que tenían el mayor potencial o incluso el talento real. Eran los chicos grandes, fuertes, atléticos; que podían patear un balón a larga distancia y perseguirla más rápido que sus compañeros. En el momento en que la pubertad vino y se fue, y la fuerza física se convirtió en un campo de juego más igualado (lo que fue, como hemos visto, un hecho bastante inusual en la Gran Bretaña de los años 50), los jugadores pequeños y hábiles a menudo se perdieron en el juego. Por supuesto, algunos progresaron al más alto nivel profesional. George Best, Alan Ball y Bobby Moore son tres ejemplos famosos. Pero el grupo de dónde escoger era más pequeño, y por lo tanto la fuerza del juego británico carecía de profundidad.

El resultado de todo esto fue que los equipos británicos estaban típicamente llenos de hombres grandes y fuertes que eran atletas poderosos pero no siempre los jugadores más inteligentes. Consecuentemente, no hubo impulso para producir alfombras para estos hombres (no había muchas mujeres jugando, en aquellos días) para mostrar sus talentos. Por lo tanto, incluso a nivel profesional, las parcelas a menudo se asemejan a las de un agricultor después de la cosecha a las de una mesa de billar. El gol de Ronnie Radford, a principios de la década de 1970, para el Hereford United contra el Newcastle, en lo que entonces era el mayor torneo de fútbol del país, la Copa de la FA. (https://www.youtube.com/watch?v=ZnjEmscMDR4) Ciertamente, podemos admirar el gol, pero hay que tener en cuenta el terreno de juego desde el que se golpeó. ¿Cómo se puede permitir que prosperen estas condiciones?

Por supuesto, en otras partes del mundo, no lo eran. Así que cuando se trataba de los grandes escenarios - competiciones de clubes europeos, copas del mundo y campeonatos de Europa, Inglaterra, la cuna del fútbol - se hizo intrascendente.

Irónicamente, fue uno de los actos de vandalismo deportivo llevado a cabo por la primera Ministra de Gran Bretaña, Margaret Thatcher, lo que condujo al cambio. Thatcher no era un fanático del fútbol, ni de las clases bajas de la sociedad. El único escape del fracaso en el aula que los niños de los años 70 y principios de los 80 tuvieron fue la sesión de juegos dos veces por semana. Pero si a Thatcher no le gustaba mucho el deporte, sí aprobaba ganar dinero. Como resultado, las autoridades locales de todo el terreno vendieron sus campos de juego escolares a los promotores. Pronto, los únicos objetivos que quedaban eran los de ser vendidos desde los almacenes de venta al por menor que volaban hacia arriba, o que aparecían en forma de miniatura en los jardines de las casas de los "ejecutivos" que ahora estaban apretadas en el espacio exterior de la escuela cercana, que una vez estuvo al aire libre.

Había que hacer algo. Los clubes se involucraron, junto con las empresas, sociales y comerciales, y comenzaron a aparecer campos artificiales adecuados; esas áreas de césped que quedaban tenían que hacer frente a una demanda aún mayor que antes: la única forma de que esto sucediera era que se las cuidara adecuadamente.

Los asuntos para el fútbol inglés comenzaron a mejorar. La "generación dorada" de Paul Scholes, los hermanos Neville, David Beckham, Gary Linekar, Paul Gascoigne y, más tarde, Rio Ferdinand, Frank Lampard y Steven Gerrard estaba en el horizonte.

Luego, a principios de la década de 1990, Charles Hughes adquirió prominencia, y el fútbol inglés retrocedió dos décadas. El contexto de nuestro estudio de caso es importante, porque solo entendiendo esto se pueden entender adecuadamente los verdaderos peligros de una mala interpretación del análisis.

Hughes estaba profundamente influenciado por los pensamientos de un hombre con poca conexión con el fútbol. Charles Reep fue un comandante de ala de la Segunda Guerra Mundial con un interés en el juego que es considerado por la mayoría como el padre del balón largo. Sin mucha evidencia, dedujo que la mayoría de los goles eran el resultado de tres pases o menos, por lo que abogó por que el balón se adelantara lo más rápido posible.

Las conclusiones de Hughes se basaron en el análisis de solo unos 100 partidos, demasiado pocos como para basar un sistema nacional de juego. Eligió los juegos de varias fuentes, incluyendo el equipo de Brasil. De su pequeña fuente identificó dos temas:

- La mayoría de los goles provienen de cinco o menos pases
- La mayoría de los goles se marcan desde la "Posición de Máxima Oportunidad", a la que llamó POMO.

A partir de esto, dedujo (y escribió muchos libros sobre el tema) que el secreto del éxito era llevar el balón a la POMO lo más rápido posible, ya que a partir de ahí los objetivos fluirían inevitablemente. Desafortunadamente, el enfoque de Hughes ahora se considera (con razón) defectuoso. Utilizó una muestra insuficiente; aplicó datos que apoyaban sus teorías; pasó por alto otros factores, como el terreno de juego y las condiciones meteorológicas, las habilidades técnicas y el ritmo de los jugadores, la facilidad con la que los entrenadores podían anular tácticamente el POMO. Como resultado, los jugadores ingleses de una generación se vieron obligados a tirar el balón a un POMO (en gran parte, una zona detrás de la defensa) lo más rápidamente posible, las habilidades y la técnica se descuidaron una vez más -esta vez como resultado de la política más que de la necesidad- y el fútbol inglés permaneció más tiempo en el estancamiento.

A pesar de los repetidos fracasos de la selección nacional, su influencia fue tal que incluso los entrenadores nacionales, todos los cuales tenían más experiencia en el fútbol que él, encontraron que su apoyo oficial se evaporaba si se alejaban del enfoque prescriptivo de Hughes.

Estudio de Caso Tres - Pure Analytics

Nuestro estudio de caso final utiliza un ejemplo que podría estar fuera del alcance de muchos equipos de aficionados y jóvenes. Sin embargo, ilustra el beneficio de valor agregado que el uso efectivo del análisis puede aportar a un equipo.

Derry es una pequeña ciudad en Irlanda del Norte. Su equipo de fútbol es el único que compite en la Premier League irlandesa. El club es profesional, pero atrae a muchos de sus jugadores de su localidad; realmente no debería poder competir contra equipos como los de las grandes ciudades de Cork y Dublín, pero lo hace, manteniendo una posición en la liga. Esto se debe, en gran parte, al efecto de "bola de dinero" que proporciona el uso eficaz del análisis.

Durante el estudio de caso, que es reciente, Derry contrató a un analista de datos para apoyar al equipo. En particular, hizo uso de un sistema de análisis profesional llamado *Performa Sports*, que permitió un extenso análisis de vídeo del rendimiento de los partidos, del equipo y de los jugadores individuales.

Tanto el entrenador del equipo, Kenny Shiels, como varios jugadores, afirmaron que, durante la intensidad del juego de los partidos, se pueden perder los detalles del rendimiento. Además, es la naturaleza de la gente interpretar la acción en curso desde su propio punto de vista, a menudo sesgado. Por lo tanto, sería normal considerar que la pérdida de posesión proviene de una falta impune de la oposición. Sin embargo, el análisis de vídeo proporciona pruebas objetivas. Así, por ejemplo, puede ser que un jugador esté recibiendo el balón con el cuerpo en la posición equivocada y, por lo tanto, le resulte difícil retener la posesión del balón.

El análisis de datos es utilizado por la Ciudad de Derry de cinco maneras específicas:

- Analizar el rendimiento individual, destacando las fortalezas y debilidades de un jugador. Luego, los jugadores y entrenadores utilizan esta evidencia para desarrollar ejercicios a medida y ejercicios para abordar las debilidades, mientras que las fortalezas se integran con mayor frecuencia en el juego en equipo. Por lo tanto, puede ser evidente que un delantero necesita trabajar en la aceleración durante los primeros cinco metros cuando se le da a través del balón. El trabajo de velocidad puede entonces priorizarse. Del mismo modo, puede resultar evidente que un ala trasera entrega pases con un alto grado de precisión. Se puede desarrollar el juego en equipo para maximizar las oportunidades de pases de este jugador.

- Analizar el desempeño de las unidades del equipo. Por ejemplo, el análisis de vídeo podría demostrar que la defensa lucha por ascender como una unidad, dejando a sus oponentes tanto en juego como en el espacio. Se pueden aplicar ejercicios de comunicación para mejorar esta área.

Trabajo en equipo. A través del análisis de todo el equipo, se pueden ver pruebas de, por ejemplo, la eficacia de la alta presión que Derry buscaba utilizar. Cuando los oponentes pudieron jugar fuera de la alta prensa, se identifica la razón y se realizan los ejercicios apropiados para abordar este problema.

- Identificar las fortalezas de los oponentes. Se utilizaron videoclips de juego individual y de equipo. Por ejemplo, el lateral derecho del Derry explicó cómo estudió las imágenes de su extremo contrario, para identificar su pie favorito, su preferencia por el regate o el pase temprano. El entrenador Shiels explicó cómo se utilizan las imágenes de vídeo de los rivales para informar a los entrenadores específicos en el intervalo entre partidos.
- Identificar oportunidades para crear oportunidades. Una vez más, las imágenes se utilizaron eficazmente para identificar los puntos débiles de los oponentes. Por ejemplo, en un caso se vio que las mitades centrales presionaban fuerte, pero no tenían ritmo en el giro. Esto animó a Derry a crear ocasiones al poner el balón en el espacio detrás de ellos, para que los delanteros y los centrocampistas corrieran hacia ellos.

El uso del análisis para Derry siguió un método bastante prescrito. En primer lugar, se distribuyeron clips de actuaciones individuales para que los jugadores pudieran identificar sus propios puntos fuertes y débiles, y trabajar en sus propios programas de formación individual. A continuación, las sesiones completas del equipo se centraron en el rendimiento del equipo, haciendo uso de los partidos anteriores. También se identificaron fortalezas o debilidades comunes. Después, se entrenó para explotar la información que tenían. Luego, las imágenes de los oponentes se analizaron con el equipo, y el entrenamiento se adaptó una vez más teniendo en cuenta el próximo partido específicamente. Por lo general, el equipo llevaría a cabo tres sesiones completas de análisis de video por semana, más sesiones individuales.

No es de extrañar, como vimos al principio de este estudio de caso, que el uso del análisis haya funcionado, permitiendo que Derry se desempeñe a un nivel más alto que algunos clubes más grandes y ricos.

Conclusión

Esperamos que haya disfrutado de este libro y que haya adquirido algunos conocimientos valiosos sobre el valor que el análisis del fútbol puede ofrecer a un equipo y a un jugador individual.

Podemos utilizar el análisis a cualquier nivel. Desde el análisis con lápiz y papel, grabando lo que podemos, hasta el tipo de sistemas utilizados en los más altos niveles del juego profesional, donde las cámaras siguen a cada jugador durante un partido, donde los seguidores siguen cada movimiento durante el entrenamiento, y los equipos de analistas altamente remunerados informan de sus hallazgos.

Por supuesto, el análisis en sí mismo no es demasiado útil. Podríamos ver que un jugador puede correr doce kilómetros en un partido, pero eso solo es útil cuando aplicamos esa información para mejorar al jugador y al equipo. De hecho, cuando los datos se convierten en métricas, es decir, cuando se utiliza el análisis para elevar la calidad y los estándares, entonces se convierte en una ayuda considerable para un equipo y sus actores individuales.

Hay un grado de resistencia al uso de análisis en el fútbol. Durante muchos años, se quedó atrás respecto a otros deportes como el béisbol, el cricket y el rugby. En parte, esta es la naturaleza fluida del juego - esos otros deportes contienen muchas más jugadas y descansos en acción. Pero también, fue la sensación de que el fútbol es un juego de instinto, un juego de innovación y momentos mágicos en lugar de algo que se puede planear de antemano.

Sin embargo, con el tiempo, se ha entendido que el análisis ayuda a mejorar el rendimiento, ayuda a mejorar el reclutamiento, ayuda a los jugadores a desarrollar habilidades y reduce sus posibilidades de lesionarse. Esa chispa indefinible aún debe estar presente, o los beneficios de las métricas ofensivas serán fácilmente contrarrestados por la organización defensiva y el juego se convertirá en un deporte rancio y estéril, desprovisto de excitación. Ocurrió hasta cierto punto en la Unión de Rugby hace veinticinco años, cuando la recolección temprana de datos demostró la importancia del territorio. El juego se convirtió en una aburrida serie de patadas intercambiadas, de punta a punta, pero sin emoción. El fútbol, sin embargo, tiene demasiadas variables para permitir que eso arruine el juego.

Eso es lo bueno (uno de ellos) de este deporte. Si tuviéramos un partido perfectamente científico, con todos los equipos actuando como lo sugiere el análisis, entonces perderíamos la espontaneidad, el genio individual de los mejores jugadores de un equipo. Pero incluso el millón o más de análisis que las cámaras Opta toman en un partido típico de la liga de alto nivel no nos lo puede decir todo.

Así que, mantengamos al inconformista, al genio, al jugador que levanta a la multitud de pie. Pero, a cualquier nivel, podemos mejorar otros elementos del deporte mediante la aplicación de los datos que ahora sabemos que pueden dar forma al juego.

Maestría en el fútbol

Las pequeñas cosas que hacen una gran diferencia:

Hábitos, Secretos y Estrategias que elevarán su juego al siguiente nivel

SOBRE EL AUTOR

Chest Dugger es el seudónimo de nuestro equipo de entrenamiento de fútbol, Abiprod. Abiprod es un equipo de apasionados entrenadores profesionales y aficionados, con sede en el Reino Unido y Australia.

Hemos sido aficionados al deporte rey durante décadas, entrenando a equipos juveniles y senior. Como todos los aficionados al fútbol de todo el mundo, vemos y jugamos este hermoso deporte tanto como podemos. Tanto si somos seguidores del Manchester United, el Real Madrid, el Arsenal o el Galaxy de Los Ángeles, compartimos un amor común por el deporte rey.

A través de nuestras experiencias, hemos notado que hay muy poca información para el aficionado común al fútbol que quiere elevar su juego al siguiente nivel. O que sus hijos empiecen en el camino. Este es especialmente el caso de aquellos que viven fuera de Europa y América del Sur. El entrenamiento y la metodología de fútbol caros son bastante raros incluso en países ricos como EE.UU. y Australia.

Siendo apasionados por el juego, queremos hacer llegar el mensaje al mayor número de personas posible. A través de nuestro blog de entrenamiento de fútbol, libros y productos, nuestro objetivo es llevar lo mejor del entrenamiento de fútbol al mundo. Aunque estamos empezando en Estados Unidos y Australia, cualquiera que sienta pasión por el deporte rey puede utilizar nuestras tácticas y estrategias.

DESCARGO DE RESPONSABILIDAD

Derechos de autor © 2019

Todos los Derechos Reservados

Ninguna parte de este documento puede ser transmitida o reproducida en ninguna forma, incluyendo la impresión, electrónica, fotocopia, escaneado, mecánica o grabación sin el permiso previo por escrito del autor.

Aunque el autor ha hecho todo lo posible por garantizar la exactitud del contenido escrito, se aconseja a todos los lectores que sigan la información mencionada en el presente documento bajo su propio riesgo. El autor no se hace responsable de ningún daño personal o comercial causado por la información. Se anima a todos los lectores a buscar asesoramiento profesional cuando sea necesario.

Introducción

Piense en Gran Bretaña por un momento. El bueno de Blighty a través de las olas. ¿Qué le viene a la mente? ¿Lluvia? ¿Autobuses rojos? ¿Comida demasiado cocida? ¿Asombroso teatro y brillante deporte?

La última de ellas se debe, en muchos sentidos, a otra obsesión británica: la taza de té. Los británicos siempre han disfrutado de una taza de té, incluso en el siglo XVII. No hay mejor manera para un chinwag (y hay un término evocador para una pequeña reunión y un intercambio de opiniones) que tomarlo alrededor de una taza de té.

La cosa es, sin embargo, que para que el té sea una bebida sabrosa que los británicos conocen y adoran, tiene que estar hecho de agua hervida. Ahora, por casualidad, el agua hirviendo tiene un segundo efecto más allá de hacer una bebida encantadora. Mata las bacterias.

Los británicos pudieron mejorar su salud gracias a la eliminación de esta infección en el suministro de agua. Y una población sana fomenta el desarrollo de una economía.

Así que Gran Bretaña se convirtió en una nación próspera, y eso le dio el marco para entrar en la revolución industrial. Fue, como veremos más adelante, como resultado directo de ese cambio económico que surgió el fútbol. Pasó de ser una mezcla informal e ilegal de conflictos violentos a convertirse en un deporte debidamente regulado. Anteriormente, su existencia se limitaba en gran medida a una forma de atenuar el goteo de testosterona de los adolescentes en las escuelas más lujosas del país; fue gracias a la revolución industrial que los clubes, y luego las ligas, se formalizaron.

Así, cuando estamos viendo la final de la Copa del Mundo, o visitando un estadio palpitante con nuestros niños, o dando una patada en el parque, podemos agradecer a **la humilde taza de té** por lo que estamos disfrutando. Ahora, hay una buena razón para poner la tetera a calentar.

Afortunadamente (o no, dependiendo de su punto de vista) este no es un libro sobre la Revolución Industrial, ni siquiera sobre la relativamente mundana, pero sí sobre la bebida facetada que es el té. En su lugar, es un libro que analizará las acciones cotidianas que podemos tomar y que nos llevará a convertirnos en mejores jugadores de fútbol.

Nos da una idea de los muchos obstáculos que nos convierten en jugadores más fuertes, o en entrenadores más consumados. Algunos de estos consejos tienen su origen en accidentes felices. Son los resultados no deseados que conducen, inadvertidamente, a mejoras en nuestras vidas. O, lo que es más importante (argumentaríamos, con nuestra lengua firmemente en nuestras mejillas) en nuestro conocimiento y habilidad para jugar al fútbol.

Examinaremos los secretos, hábitos y estrategias que mejorarán nuestras habilidades sobre el terreno de juego, ya sea jugando o entrenando. Consideraremos los factores que nos ayudan a entender el juego y, por lo tanto, a disfrutarlo. Consideraremos los tres departamentos principales del juego: ofensiva, centro del campo y defensa. Examinaremos los elementos tácticos del juego. Se discutirán habilidades como el primer toque, el regate y el tiro al blanco.

Este libro ofrecerá consejos y tácticas para los jugadores jóvenes, y también para aquellos que podrían no retener el atletismo que solían tener. Examinaremos el entrenamiento físico y mental que podemos incluir en nuestras vidas para hacernos mejores atletas y, por lo tanto, mejores jugadores de fútbol.

Pero empecemos con un poco de contexto. Como el gran entrenador del Liverpool, Bill Shankly, dijo una vez de manera algo parafraseada: "El fútbol es mucho más que una cuestión de vida o muerte". Así que vamos a echar un vistazo a la importancia de los resultados aleatorios de la vida, cómo lo inesperado se deriva de una acción no relacionada. Usaremos este principio como una guía para aprovechar los eventos diarios en nuestra búsqueda de convertirnos en maestros de fútbol.

Nuestro libro proveerá consejos, estrategias, trucos y hábitos que podemos usar para mejorar nuestra técnica y juego de fútbol. También ofreceremos treinta consejos principales que apoyan y desarrollan las numerosas sugerencias y ejercicios que presentamos en la parte principal del libro. Incluso destacaremos a algunos de los jugadores jóvenes que iluminan cada posición de la Premier League inglesa, el fútbol de alto nivel más disponible que podemos encontrar en la televisión estadounidense.

Cuando una mariposa agita sus alas en Mongolia....

...causa un tornado en Wyoming.

Bueno, no lo hace. Pero las decisiones, grandes y pequeñas, pueden tener consecuencias mucho más allá de lo que se espera.

¿Tenía el Almirante Yamamoto el más mínimo indicio de que su idea de lanzar un ataque contra Pearl Harbor llevaría a la existencia del mundo al filo de la navaja? ¿Que sería el prefacio de la Guerra Fría, el macartismo y el crecimiento del comunismo en toda Europa del Este? ¿Que resultaría en la destrucción total de dos ciudades japonesas, Nagasaki y, antes de eso, Hiroshima?

¿O cuando Patrick McDonald instaló un puesto de comida en Los Ángeles, el resultado serían arcos dorados con forma de M&M'S en casi todos los centros comerciales, centros y parques comerciales de todo el mundo desarrollado?

No todos los resultados involuntarios son desastrosos - no es que estemos sugiriendo que sea el caso de McDonald's. Después de todo, la mayoría de los lectores de este libro serán deportistas, o al menos personas interesadas en el fútbol. ¿Qué puede ser mejor que prepararse para un partido con un Big Mac, o celebrar una victoria con un batido de chocolate de gran tamaño (como veremos, no hace mucho tiempo que una comida posterior al partido era un lugar común)?

Veamos otro ejemplo. Cuando Paul Simon fue elegido el Conejo Blanco en la producción de Alicia en el País de las Maravillas de su escuela, no había ninguna sugerencia real de que pudiera encontrar un tipo de música con la misma mentalidad en la misma producción. Sucedió que un tal Arthur Garfunkel estaba interpretando el papel del gato de Cheshire.

Incluso entonces, estos dos podrían no haber alcanzado el estatus de mega que tenían si no fuera porque un productor musical no había experimentado con añadir una pista de fondo a una pista fina, pero poco reproducida llamada `The Sound of Silence'. Por supuesto, desde aquellos días, Paul Simon grabó no sólo uno, sino dos discos seminales de todo el mundo: Bridge Over Troubled Water y Graceland. Este último desempeñó un papel fundamental en la difusión de la cultura de la Sudáfrica negra ante un público mundial.

Como tal, jugó un papel importante en asegurar que la atrocidad del apartheid se pusiera bajo el escrutinio de las naciones que antes podían sacudir sus cabezas, hacer un ruido de júbilo y continuar con la limpieza del auto. En cambio, Graceland inspiró el debate, no todo positivo (se habló mal de la explotación de músicos negros, algo totalmente injustificado) y, en última instancia, contribuyó a que Sudáfrica se convirtiera en una gran fuerza mundial.

Pero ¿qué pasaría si su profesor en la escuela primaria hubiera elegido otra obra de teatro, o si CS Lewis no hubiera estado extrañamente obsesionado con Alice Liddell y se hubiera quedado con las matemáticas en lugar de escribir Alicia en el País de las Maravillas? Todo tiene sus consecuencias, y con frecuencia no se planifican.

Hay una palabra para estos felices accidentes. Serendipity. Cuando James Naismith se enfadó al encontrar la cesta de melocotón vacía en el albergue en el que se alojaba en 1891, pudo haber pasado hambre. En vez de eso, decidió apaciguar su molestia lanzando pelotas de fútbol, y así nació el baloncesto.

Pero todos estos son resultados no planificados. Lo que veremos en este libro es el tipo de consecuencias que podemos esperar si seguimos un cierto camino de acciones. No es un salto intelectual demasiado grande llegar a conclusiones como que una inversión en educación mejorará las oportunidades de los jóvenes; o incluso una desilusión gradual con la política tradicional siembra las semillas para la elección de un presidente como Donald Trump.

Sin embargo, en este caso, se trata de asuntos mucho más importantes que la política o la educación. Se busca maneras de convertirnos a nosotros mismos, a nuestros equipos y a nuestros hijos en mejores jugadores de fútbol. El tipo de pequeños cambios diarios que podemos hacer, o adaptarnos a nuestras propias circunstancias, que nos ayudarán a convertirnos en maestros del juego. Al menos, maestros en relación con nuestros propios niveles de habilidad.

Y empezaremos por echar un vistazo a la evolución del fútbol hasta el momento en que se convirtió en el deporte que practicamos, ya sea profesionalmente, para un equipo de fin de semana, para un equipo juvenil o incluso para un simple partido en el parque. Porque, como veremos, el juego sólo existe hoy en día debido a una serie de acciones imprevistas. Ahora bien, esas acciones fueron una verdadera casualidad.

El juego de hoy - Cómo las cosas pequeñas han cambiado la historia del fútbol

Imagínese la escena. El sol de finales de otoño brilla. Hay un frío en el aire, pero que se alivia cuando la luz del sol lo golpea directamente. Cerca de allí, el río Támesis brilla, de movimiento amplio y lento. Mire hacia arriba, y a lo lejos el edificio normando que es el Castillo de Windsor se erige alto e inexpugnable. Es asombroso que una escena tan indeciblemente inglesa deba ser pasada por alto por una fortaleza construida en una época en la que un francés gobernaba el país. En la época de la construcción del castillo de Windsor, Gran Bretaña estaba gobernada por los franceses, hoy los franceses dominan el mundo, al menos en el sentido futbolístico. Guillermo el Conquistador superado por Kylian M'Bappe.

Tenga paciencia con nosotros, estamos llegando al punto que queremos dejar claro. Podría tomar un par de párrafos todavía. De vuelta a Windsor, la ciudad más elegante del condado más elegante de Inglaterra, Berkshire. Detrás de nosotros, las ventanas altas iluminan los edificios señoriales. Pasan los niños pequeños, vestidos con frac largo, chalecos y bolsos grises. Un adulto ocasional, vestido con una elegante pajarita blanca, con chaqueta negra y pantalones a rayas, pasa. Los niños se remiten a estas versiones más grandes de sí mismos.

Aquellos con buen oído y una naturaleza entrometida podrían escuchar voces ininterrumpidas como 'Él es un pico fino', u otro cumplido similar.

¿Hemos viajado en el tiempo, de vuelta a alguna era victoriana de frac y sombreros de copa? Un gran Boeing 747, un tren de aterrizaje en su descenso al aeropuerto de Heathrow pone fin a esa teoría. En las cercanías vemos un hueco en la pared; un kiosco portado impide que los visitantes no deseados entren en el funcionamiento interno privilegiado de este lugar. Por lo menos hasta el verano y los jóvenes con la cola cubierta han huido a los yates privados y a las lujosas villas de sus padres. Pero si se nos permitiera, podríamos entrar en la plaza de clausura a través de la puerta metálica custodiada, y abrirnos camino hacia un largo muro.

Una vez allí oíamos voces, más varoniles en tono que antes, pero que aún sonaban jóvenes. Pronto encontraríamos una estrecha franja de césped en la que los niños más grandes se pelean por un objeto esférico. Uno está a cuatro patas, el balón entre las piernas; otros parecen ocupados en el tipo de libertad para todos que se encuentra más a menudo en el duro centro de la ciudad cuando el club nocturno cierra y los jóvenes ebrios, hombres y mujeres, alternan entre vomitar y pelear en las calles. El uniforme de estos jóvenes británicos son faldas cortas y camisetas blancas, blusas de tirantes bajos y vaqueros azules. Los jóvenes que vemos ahora pueden provenir de hogares con más oportunidades que sus compañeros de fiesta, pero los niños de aquí todavía tienen su propio uniforme: pantalones blancos apretados metidos en calcetines largos y camisas a rayas holgadas.

De hecho, a pesar de las sugerencias en sentido contrario, no estamos atrapados en un lapso histórico; estamos firmemente en 2019, pero estamos viendo un evento con un fuerte vínculo con la historia. Uno que no ha cambiado en más de dos siglos. Estamos en el Eton College, la escuela para niños e hijos de condes y aristócratas. Están jugando el Wall Game y estamos viendo una de las primeras formas del juego más popular del mundo; estamos viendo la génesis del fútbol.

De hecho, algunos historiadores datan el juego de las antiguas dinastías chinas de hace más de 2000 años. El juego resurgió de vez en cuando, sobre todo en Gran Bretaña, y fue frecuentemente prohibido por los sentimientos "pecaminosos" que alentaba. (Nada cambia, como atestiguarán los aficionados que vean cualquier derbi local). Luego, a medida que las escuelas públicas inglesas tradicionales fueron ganando popularidad, se necesitaba algo para mantener bajo control la energía inagotable de varios cientos de adolescentes.

Se consideraron y rechazaron varias opciones. La caza eliminaría la vida silvestre en kilómetros a la redonda, sin dejar nada que ocupe a los padres que necesitan su propio deporte. Declarar la guerra a Francia siempre fue una buena opción, pero como las mejores cosas de la vida, era más apreciada con moderación. Golpear a la gente del pueblo, romper sus ventanas y robar sus mercancías fue sin duda divertido (y las víctimas eran pobres, así que realmente no importaba), pero de alguna manera eso no era del todo críquet, un peor pecado que el asesinato (¡aunque era un pecado aceptable en Harrow College!).

Así que se desarrollaron los juegos de pelota. Principalmente, en los primeros días, se trataba de patear (ocasionalmente el balón), luchar y otros tiempos pasados homo eróticos que tienen su origen en el alma mater de la juventud privilegiada de Gran Bretaña. Entonces, el joven maestro Webb Ellis estaba a punto de ser desposeído (o más probablemente decapitado) en la Escuela de Rugby durante un juego de fútbol (a veces conocido como 'matar al niño pequeño'). Enfrentado a la elección entre ser pateado hasta la muerte por sus oponentes o ser golpeado en el trasero por sus compañeros (por haberles costado el partido y el honor de la casa), tomó el balón y corrió con él. Al no haberse desarrollado del todo las leyes en ese entonces, nadie estaba seguro de qué hacer.

¿Debería Webb Ellis ser asado frente al fuego de los prefectos por sus pecados? ¿Enviado a la cárcel por hacer trampas? ¿Dado el estatus de icono para inventar un nuevo juego? Bueno, lo último llegó a buen término, sin duda para alivio del joven bribón. El rugby nació, y ese pequeño acto - **recoger la pelota en lugar de patearla** - finalmente condujo directamente al deporte del fútbol que conocemos hoy en día.

Porque se hizo evidente que las leyes eran necesarias. El terreno de juego ya no sería del tamaño de cualquier campo que se encontrara a mano; el número de jugadores de cada equipo se limitaría a un número fijo en lugar del número de niños a los que la matrona de la Enfermería no alimentaba con aceite de hígado de bacalao. El juego, de la manera más suelta posible, comenzó a tomar forma.

Pronto, y no muy lejos, el Sr. Darby decidió que un bonito puente de hierro se vería escénico sobre el río Severn. Otros estaban viendo las oportunidades creadas por el bombeo de la atmósfera llena de dióxido de carbono y se construyeron poderosos hornos. Gran Bretaña estaba pasando por la revolución industrial, las fábricas estaban subiendo y la gente se movía de las casas de campo llenas de ratas a las pequeñas viviendas en terrazas apretadas bajo la fuga del humo de la chimenea. De la peste al purgatorio, podría decirse.

Una vez más, el fútbol vino al rescate. No era la testosterona esta vez lo que necesitaba ser quemada, sino las frustraciones de vivir juntos como buscadores de diversión haciendo cola para dar un paseo en una montaña rusa de Disney World en pleno verano. Así que los dueños de la fábrica tomaron el liderazgo de las escuelas públicas a las que aspiraban sus hijos, construyeron estadios y fundaron equipos de fútbol. Comenzó en Sheffield, una ciudad dura en el norte industrial, y pronto se extendió.

Poco a poco - Notts County fue uno de los primeros clubes en formarse. Surgieron en 1862, una de las nuevas fuentes de recreación, producto de la revolución industrial. Sus pocos antepasados pronto desaparecieron, pero el condado de Notts sobrevivió - nunca prosperó, pero vivió, una fuente de orgullo para su pequeño número de seguidores de East Midlands. Ganaron la FA Cup en 1894, y fueron subcampeones de la Anglo Italian Cup (ese bastión de la excelencia futbolística, lamentablemente ya no más) en 1994. En el medio, el extraño título de la liga inferior se abría paso. Notts County es ahora la liga profesional más antigua del mundo. Para cuando leas esto, eso probablemente no será cierto, ya que parece muy probable que caigan del nivel inferior de la Liga Inglesa de Fútbol, División Dos, y entren en el mundo de los futbolistas que no son de la liga. Una lástima.

Así que ahí, en dos mitades de más o menos 800 palabras, tenemos una historia resumida de los orígenes del fútbol. Pero, por supuesto, el mejor juego del mundo se está desarrollando todo el tiempo. Así es como mantiene su supremacía. Cada cambio en la ley del juego, cada innovación táctica, cada pequeño paso de progreso en la forma en que los jugadores se cuidan a sí mismos, cada desarrollo mueve al fútbol hacia adelante. O, los cínicos podrían argumentar, al revés. Pero como quiera que los veamos, estos desarrollos cambian la forma en que jugamos.

Tomemos como ejemplo tres innovaciones. La introducción del VAR; el papel cambiante que juega la nutrición en el maquillaje de un jugador de fútbol y el uso creciente de la analítica del jugador.

VAR - ¿Sacando los puntos de discusión u obteniendo resultados precisos?

Unos tres días antes de escribir esta página, hubo un partido importante en la Premier League inglesa. Cardiff City estaba recibiendo a Chelsea. A falta de unos pocos partidos para el final de la temporada, ambos equipos tenían mucho por lo que jugar: Cardiff estaba en la zona de descenso, pero una victoria los situaría a dos puntos de la zona de seguridad con un partido menos. El Chelsea, que ha disfrutado de años de éxito, está empezando a tener problemas ahora que el dinero de Roman Abramovich no fluye tan libremente. Estaban desesperados por una victoria que los mantuviera en contacto para lograr un final entre los cuatro primeros. Eso les daría la mejor oportunidad de asegurar el fútbol de la Liga de Campeones la próxima temporada, con todos los millones de dólares en efectivo y recibos de televisión asociados.

Los mejores jugadores del mundo quieren jugar en la Liga de Campeones, y cada temporada, fuera de la competición, el Chelsea se quedaría rezagado con respecto a los equipos de élite de la Premier League inglesa, ya que los jugadores más importantes del planeta eligen a jugadores como el Juventus, el Bayern de Múnich, el Dortmund, el Liverpool y el Atlético de Madrid por encima del blues del oeste de Londres. (Causando, podríamos concluir, blues del oeste de Londres).

Pero en el momento del partido, ni el Chelsea ni el Cardiff estaban en plena forma. No es de extrañar, pues, que se tratara de un partido difícil entre dos equipos que luchaban por la confianza. Pero poco a poco, tal vez sorprendentemente, Cardiff comenzó a llegar a la cima. Marcaron, y a sólo unos minutos del final parecía que iban a aguantar. Entonces Chelsea consiguió una esquina. Imagínate la escena; Cardiff se ha alineado zonalmente, con su defensa extendida a lo largo de la línea de seis yardas. No han dejado jugadores en los postes. El Chelsea tiene dos jugadores alrededor del portero de Cardiff.

Cuando se toma la esquina, estos dos jugadores están tal vez a cuatro o cinco yardas 'fuera de juego' - aunque, como es una esquina, no lo están.

La entrega es un out swinger, y un jugador del Chelsea dirige el balón hacia la portería desde el borde del área de seis yardas. No hay ninguna duda al respecto. Mientras tanto, César Azpilicueta, el lateral del Chelsea, que era uno de los jugadores que rodeaba al portero de Cardiff, ha vuelto al área de seis yardas. En el momento en que la pelota es lanzada, él está a dos, quizás tres, yardas fuera de juego.

Sin marcar, asiente el balón a la red. Los jugadores de Cardiff miran hacia el árbitro y su ayudante. El gol está tan ridículamente fuera de juego que su guardameta ya está tratando de lanzar el tiro libre. Con asombro, luego incredulidad, y luego furia absoluta, ven tanto al árbitro como a su juez de línea (lo siento, árbitro asistente - hay un nombre tonto si es que alguna vez hubo uno) volver a la línea de mitad de cancha. Se da una meta.

Es un objetivo que probablemente hará que Cardiff quede fuera de la primera división, lo que le costará al club unos doscientos millones de dólares en ingresos perdidos, dinero perdido en la televisión y menos espectadores. Es casi seguro que al final de la temporada el entrenador será sustituido. Podría empujar al Chelsea a terminar entre los cuatro primeros, y le costaría al club, que debería haber terminado por encima de ellos, unos 50 millones de dólares en la financiación perdida de la Liga de Campeones.

Todo porque un árbitro y su ayudante cometen los errores más terribles. Después del partido, los analistas de televisión y los expertos intentaron explicar el error. No podían hacerlo. Su mejor oferta era que el asistente se dejara ver cuando el que tomaba la esquina se le adelantaba. Pero esta fue una excusa insatisfactoria. El goleador nunca podría haber estado en fuera de juego dada su posición inicial.

VAR (video asistente de árbitro) eliminaría este tipo de error. Ya se utiliza ampliamente en las grandes ligas europeas y es una de las características de la reciente Copa Mundial de Rusia, por lo que reduce los errores de arbitraje. No es perfecto; una cuestión es decidir cuándo se debe usar. Revisar cada decisión sería ralentizar el juego hasta el punto de que pierda su atractivo como deporte para el espectador. Por lo tanto, alguien tiene que decidir cuándo informar al árbitro de que ha cometido un error.

A veces el VAR también se equivoca. Al igual que el ojo de halcón en el tenis, es un sistema falible, menos falible que el ojo humano. Entonces, ¿cómo cambia el VAR el juego profesional?

Tal vez la manera más importante sea limpiar el juego sucio de bajo nivel en el área penal. Ahora, un defensor que agarra un brazo para evitar que un oponente salte - un delantero que cae, intacto, al suelo - será expuesto. Significa que los saques de esquina, los tiros libres, etc., se convertirán más en una competición de habilidad que en un juego de azar en el que se puede engañar al árbitro. ¿Seguramente, eso sólo puede ser una buena (si no perfecta) mejora?

Finalmente, hay algunos que se quejan de que el VAR ha sacado del juego la alegría de hablar de temas polémicos. Pero este argumento es poco convincente. Pregúntele al equipo nigeriano, o a sus seguidores, después de que no consiguiera un penalti en la Copa del Mundo cuando el argentino Marcus Rojo tocó el balón con la mano. O los aficionados de Croacia cuando, en la final nada menos que, lo que parecía ser una zambullida de Antoine Griezmann no fue revisado porque no cumplía con los criterios para que el VAR lo viera. Francia anotó desde el tiro libre resultante.

Top Tip To Take-Away 1 - Para la gran mayoría de nosotros que jugamos a nivel amateur, el VAR nunca se convertirá en parte de nuestras vidas de jugadores. Si los árbitros profesionales y sus jueces de línea se equivocan, entonces los aficionados ciertamente lo harán. Jugar una trampa de fuera de juego es legítimo, pero es una táctica muy arriesgada a nivel amateur.

Shock Horror - Los jugadores descubren que ocho pintas de cerveza y una bolsa de papas fritas NO es la comida perfecta para después de la partida.

Los verdaderos aficionados al fútbol conocerán al gran entrenador Brian Clough. Clough era un cliente astuto, franco y testarudo. Pero como entrenador era capaz de llevar a jugadores mediocres a cotas sorprendentes. Después de una exitosa carrera como jugador que se vio interrumpida por una lesión -puede que haya formado parte del equipo ganador de la Copa del Mundo de 1966 si se hubiera recuperado-, pasó a ser entrenador.

A mediados de los años sesenta, tomó su primer empleo como entrenador en el Hartlepool United, un equipo de la liga inferior muy pasado de moda. Aquí, tomó el término 'entrenador' literalmente, tomando un examen de manejo que le permitió dirigir al equipo tanto literal como metafóricamente. Supervisó la compra de un viejo autobús y se convirtió en el conductor del autobús del club, ya que el Hartlepool United era un equipo demasiado pequeño para contratar ese tipo de transporte de forma regular. A pesar de su dominio de la táctica, la formación de equipos y la gestión de los hombres, el nuevo entrenador no sabía nada de nutrición. Clough se detenía de camino a casa después de los partidos fuera de casa y compraba el pescado y las patatas fritas del equipo. Una forma perfecta de reemplazar los carbohidratos y revitalizar los músculos. O, tal vez, no.

En el otro extremo del espectro del talento futbolístico, había una cultura de consumo de alcohol en el fútbol británico en la segunda mitad del siglo XX. Eso fue tan cierto en las divisiones superiores del fútbol inglés y escocés como en las divisiones inferiores del juego. Mientras que los futbolistas en Europa ya entendían la ciencia de la nutrición como una forma de apoyar el rendimiento, y la Liga Norteamericana de Fútbol era, para ser justos, una organización relativamente poco profesional, a los jugadores en el Reino Unido les gustaba una pinta. O diez.

Ni siquiera Tony Adams, capitán de Inglaterra y del Arsenal, doble vencedor y defensor por excelencia, tenía ni idea de cómo cuidarse. En su autobiografía, Adicto, Adams explica cómo se entrenaba usando una bolsa de basura de plástico para sudar el alcohol fuera de su sistema.

Hacía largas sesiones de borracheras, lo que llevaba a la ignominia de orinarse encima. En una ocasión, incluso se emborrachó mientras jugaba en un partido de liga; describe la vergüenza de intentar correr por el ala y caerse.

Adams, afortunadamente, se enfrentó a su alcoholismo y continúa superándolo (los alcohólicos están ansiosos por señalar que nunca se curan). Arsène Wenger, el entrenador francés, que se incorporó al Arsenal a mediados de los años 90, fue uno de los principales impulsores de este estado, e introdujo un régimen que prestaba mucha atención a la dieta.

Si nunca es probable que el VAR tenga un impacto en el nivel en el que la mayoría de nosotros jugamos (parece poco probable que haya cámaras y monitores instalados en los campos de juego del parque local), entonces la dieta sí puede. Una buena alimentación nos permite entrenar más duro, mantenernos en forma, recuperarnos rápidamente y jugar a un ritmo más rápido en los partidos. Es un tema sobre el que volveremos más tarde.

Top Tip To Take-Away 2 - Como jugadores aficionados, no es práctico basar nuestras vidas en las necesidades nutricionales de los jugadores de fútbol profesionales, pero aun así podemos comer con cuidado y beber con moderación. Esto ayudará a nuestra salud en general, así como a nuestro desempeño en el territorio de los reyes. Aumentará significativamente nuestra calidad de vida fuera del fútbol.

Jugando a Capacidad - Player Analytics

Al igual que con la dieta, la analítica es algo que se puede utilizar -en un grado relativo- en cualquier nivel del juego para mejorar el rendimiento. Fundamentalmente la analítica en el sentido que estamos aplicando aquí mide la capacidad de los jugadores, y ayuda a afinar a los jugadores de fútbol para alcanzar esa capacidad. En los niveles superiores, también permiten a los entrenadores hacer juicios informados sobre las sustituciones.

Por ejemplo, un jugador que puede sostener doce kilómetros de carrera (el promedio, a nivel profesional, es un poco menos de 11 km) comenzará a desvanecerse una vez que se alcance ese punto. Un entrenador sabrá que, por muy bien que se desempeñe ese jugador, su estandarte caerá a medida que el cansancio se vaya acumulando. Ese deterioro incluirá tanto los estándares mentales como los físicos.

Así, por ejemplo, un centrocampista al que ya se le ha mostrado una tarjeta amarilla y que ha excedido su capacidad normal de funcionamiento es más probable que juzgue mal un tackle y gane el segundo amarillo que se traduce en un rojo. Por lo tanto, un entrenador puede optar por retirar al jugador por esta razón. El público, que ha visto a su héroe actuar de forma excelente, podría sentirse desconcertado por la decisión. El entrenador, sin embargo, tendrá el análisis a mano, y habrá hecho su juicio basado en la evidencia.

El resultado de la analítica es que las sustituciones influyen en los juegos con más frecuencia, y los jugadores evitan las lesiones con más frecuencia, ya que éstas se producen cuando un jugador está física y mentalmente cansado.

Top Tip To Take-Away 3 - Hay muchos libros que examinan el papel de la analítica en el juego moderno. Algunos, como uno de su autor Chest Dugger, se centran en las formas en que la analítica puede ayudar tanto al jugador aficionado como a los mejores profesionales. Un libro así vale la pena leerlo, tanto para entrenadores como para jugadores. Puedes encontrar ese libro aquí.

Hasta ahora, hemos analizado los cambios -en el fútbol y más allá- que son amplios en su naturaleza. Ahora pasaremos a los cambios aún más pequeños, y más precisos, que pueden influir en nosotros como jugadores a nuestro propio nivel. Usaremos ejemplos del juego profesional para ilustrar nuestros puntos siempre que sea posible. Sin embargo, estos capítulos ofrecerán ideas prácticas para hacernos mejores jugadores.

Nunca reprima una olfateada - Cómo estar preparado para las oportunidades ofensivas

Ser un gran delantero es cuestión de instinto. Se trata de estar en el lugar correcto en el momento adecuado, y tener la velocidad de pensamiento y movimiento para aprovechar ese juicio (o la buena fortuna... aunque, hay mucha verdad en el dicho de que los mejores jugadores hacen su propia suerte). Los buenos jugadores ofensivos se encuentran en el lugar correcto con demasiada frecuencia como para que se deba al azar. Marcan con demasiada frecuencia como para que el final sea una cuestión de suerte.

Aunque nunca lleguemos a jugar en el escenario mundial, o a entrenar a las estrellas del futuro, todavía podemos mejorar nuestras habilidades ofensivas a través de las cosas que hacemos en nuestra vida diaria.

Evaluando a Nuestros Oponentes Para Maximizar las Oportunidades de Puntuación

Un requisito previo para ser un buen delantero es la confianza en sí mismo. Usted debe sentir que correrá riesgos, a dejar pasar esa oportunidad. También necesita habilidades bien afiladas, una técnica fuerte y una buena comunicación.

Pero hay otro factor que puede ser pasado por alto, incluso por los mejores entrenadores y los más capaces. Eso es **neutralizar la fuerza de la oposición.** Es aquí donde ofreceremos nuestro próximo y valioso hack para hacernos mejores jugadores de fútbol.

Una buena pregunta para empezar es por qué un jugador en particular está en el equipo. En otras palabras, ¿cuáles son sus puntos fuertes? Sergio Ramos, el lateral central del Real Madrid, está ahí porque es un líder dominante y un atacante sensato. No tiene debilidades evidentes (como se puede esperar de un internacional experimentado que juega en uno de los clubes más importantes del mundo), pero esos son sus puntos fuertes.

Otros defensas pueden estar bendecidos con un ritmo impresionante o con un gran sentido de la posición (Bobby Moore, quizás el mejor centro de todos los tiempos parecía tener la notable habilidad de estar siempre en el lugar correcto). Significaba que ya estaba a tres cuartos del camino para desposeer a su oponente o bloquear un tiro antes de tener que poner su cuerpo en la línea.

Si tomamos a un defensa como Virgil Van Dijk, el centrocampista holandés que muchos describirían como el mejor del mundo en este momento, tenemos un problema. Porque él posee todos esos atributos. Y también es bueno en el aire. Ciertamente, en el nivel en el que jugamos no nos vamos a encontrar con un Ramos, un Moore o un Van Dijk, aunque nos vamos a encontrar con jugadores que son igualmente dominantes en su nivel de juego.

Por lo tanto, al decidir por qué un jugador está en un equipo, usted hace una evaluación tan rápido como puede. Ayuda si usted ya jugó contra el club, y está familiarizado con sus cuatro jugadores de defensa (o tres, o cinco), pero por lo general dentro de cinco a diez minutos podrá obtener una imagen de su oponente. ¿Favorece un pie sobre el otro? ¿Les gusta empujar hacia adelante y dejar huecos detrás de ellos?

Entonces considere sus propias fortalezas, y trate de compararlas con las del defensor contrario, a quien le resultará más difícil hacer frente a los atributos que posee. Esto es más fácil de hacer como entrenador, porque en ese papel tiene la autoridad para formar su equipo. Puede colocar a su extremo veloz contra el más lento, o enviar su número diez al área frecuentemente abandonada por un medio centro merodeador.

Como jugador, es más difícil. En este caso, debe tener en cuenta no solo su propio rendimiento, sino también su papel en el equipo. Sin embargo, todavía contribuirá más a la eficacia de su equipo en general si tiene la mayor oportunidad de hacer un impacto.

Puede ver que esta jugada táctica fue excelente si busca en línea lo mejor del Arsenal contra el Manchester Utd en la Copa de Inglaterra de 2019. Fue una clase magistral táctica del joven entrenador del Manchester United, Ole Gunnar Solskjaer.

Al ver que la principal amenaza del Arsenal venía de sus espaldas llenas, dejó a dos delanteros rápidos: el joven inglés Marcus Rashford y el belga Romalu Lukaku, delantero y desviado.

Solskjaer, que había marcado el gol de la victoria cuando el United ganó la Liga de Campeones en 1999, llenó su defensa y esperó a que se rompiera el ataque del Arsenal. Su equipo simplemente se rompió rápidamente, distribuyendo el balón a uno de sus delanteros que siempre parecía estar en el espacio. Con un veloz centrocampista de apoyo a remolque, el amplio delantero se adelantó, sacó una mitad central más lenta de su posición y jugó el balón en el área central.

En cuanto al juego, el Arsenal dominó la posesión y la presión. Pero en cuanto al resultado, el Manchester United ganó cómodamente.

Incluso en el nivel en el que usted juega, puede desarrollar esa flexibilidad mental para detectar las fortalezas y debilidades de un oponente y explotarlas al máximo. El análisis posterior a la práctica, las charlas en equipo de medio tiempo, los ejercicios en las sesiones de entrenamiento e incluso el simple hecho de acostumbrarse a analizar a las personas en nuestra vida diaria hacen que este tipo de conciencia táctica sea algo natural.

Y qué puede ser más divertido que pensar en las debilidades de sus oponentes de trabajo...lo siento, quiero decir colegas, ¿y pensar en formas de explotarlos? A todos nos gusta hacerlo, ¿no?

Top Tip To Take-Away 4 - Un rápido análisis de las fortalezas y debilidades de sus oponentes puede ayudarlo a hacer sus propias actuaciones más efectivas.

Consejo principal para llevar 5 - Los entrenadores tienen la visión general del rendimiento del equipo, los jugadores deben encajar en la estrategia del equipo. Los jugadores pueden (y deben) tratar de usar su propia iniciativa durante un juego, pero no en detrimento del juego en equipo en general.

Las ventajas de ser un delantero de dos pies

Mencionamos a Virgil Van Dijk arriba, y ahora regresaremos con él. No se preocupe, este libro no se convertirá en un homenaje al mayor maestro holandés desde que Vincent Van Gogh se dio cuenta de que podía dibujar un girasol, por mucho que su obra se lo merezca.

Muchos lectores obtendrán su acceso principal al fútbol de alto nivel viendo la Premier League inglesa. Por lo tanto, tiene sentido que cuando ilustramos nuestras sugerencias con ejemplos de la vida real, hacemos referencia a esta liga siempre que sea posible. (Lo que no quiere decir que otras ligas no producen futbol o jugadores de alta calidad, es sólo que pueden ser más difíciles de acceder en la televisión americana).

Volvamos a VVD (como se le conoce ampliamente en Twitter). El ejemplo que vamos a utilizar es un partido crucial hacia el final de la temporada 2018-19. El Liverpool necesita ganar para volver a estar en lo más alto de la tabla. La derrota significa que sigue estando a un punto del Manchester City y habrá jugado un partido más. Su rival, el Tottenham Hotspurs, está luchando por mantenerse entre los cuatro primeros y asegurarse la entrada en la liga de los campeones.

Los marcadores están empatados y el Liverpool está presionando mucho cuando pierde la posesión del balón. Con un rápido intercambio de pases, el Tottenham se mete en el campo de los Reds y se encuentra en una situación clásica de dos contra uno. El veloz francés Sissoko está en el balón, y el coreano Heung Min Son, igualmente rápido, está en el banquillo. El hijo tiene una temporada estupenda, y si se encuentra en una situación de uno contra uno con el portero del Liverpool, todas las apuestas sobre si convierte o no, la oportunidad se acabará.

Como último defensor, el ya mencionado Van Dijk tiene un problema. Si te pones a hacer frente a Sissoko, el balón se pasará al Hijo, que estará en esa situación tan deseada con el guardameta. Aguanta y evita el pase y Sissoko tendrá la oportunidad de disparar.

La defensa que sigue es mágica. Van Dijk se posiciona para evitar el pase, pero también está lo suficientemente cerca como para mantener el balón en el pie más débil de Sissoko. El delantero dispara desde el borde del área, pero su esfuerzo carece de confianza y termina en la tribuna detrás de la portería.

Brillante. El Liverpool gana el partido y regresa a la cima de la liga.

Pero, con razón, podríamos pensar que por muy impresionante que sea el VVD, este es un capítulo sobre movimientos ofensivos. Lo cual es cierto. Lo que queremos decir es que, si Sissoko hubiera sido capaz de disparar con su pie izquierdo con la misma precisión con la que lo hace normalmente con su derecha, entonces la red podría haber absorbido el balón, en lugar de que un pobre aficionado detrás de la portería le hubiera dado en la cara.

Es raro que un jugador sea genuinamente bueno con ambas piernas. Una pierna normalmente domina. Sin embargo, es posible - con práctica y determinación - hacer que la extremidad más débil funcione lo suficientemente bien como para que no sea un impedimento.

Los entrenadores y los padres de niños pequeños tienen una gran responsabilidad aquí. A los jugadores júnior les resulta difícil ver la importancia de una mejora a largo plazo. Se trata del "ahora" en su psique. Por lo tanto, utilizarán su pie dominante siempre que sea posible, porque eso le da mayor éxito a corto plazo.

Al hacerlo, están cometiendo una serie de pecados de fútbol. Están ampliando la brecha entre las fortalezas de su pie dominante y el más débil. Esto, a su vez, fomentará aún menos el uso del lado más débil.

También están perdiendo su equilibrio natural, aunque menos desarrollado, en su lado más débil, porque no lo están utilizando. Finalmente, psicológicamente están reforzando su sentido de la relativa fuerza y debilidad de sus dos pies. Esto desalentará aún más el uso de la extremidad más débil.

Pero los entrenadores y los padres pueden ayudar a resolver este problema con muchos ejercicios en los que hay que usar el pie más débil. Estos pueden ser muy divertidos, porque los jugadores luchan con estos ejercicios, así que suceden cosas divertidas. Pronto, sin embargo, si han trabajado duro, podrán usar ambos pies instintivamente. Probablemente, un pie siempre será dominante, pero al menos el jugador tendrá confianza en ambos lados.

Lo que Sissoko claramente no era. Y es un profesional de alto nivel.

Pero para la mayoría de nosotros, es demasiado tarde para desarrollar nuestro pie más débil naturalmente, como lo hacen los niños. Hemos llegado a la edad en la que siempre se siente un poco incómodo usar nuestra clavija más débil para algo más que estar de pie, o en un aprieto haciendo un pase de diez yardas sin presión.

Sin embargo, también puede aprender a mejorar el pie más débil. La práctica es tan importante usted como lo es para los jugadores jóvenes, pero a medida que crece, también es más capaz de examinar la técnica, aprenderla y luego aplicarla en situaciones de partido.

La técnica para disparar sigue siendo, en general, la misma, cualquiera que sea el pie que se utilice. Es sólo que viene más naturalmente con el pie más fuerte. Sin embargo, esta regla empírica es en sí misma un poco engañosa. Porque el pie que no patea es tan importante como el que golpea el balón en el momento del tiro. Si la posición de este pie es incorrecta, entonces el equilibrio será incorrecto y se perderá el control.

Cuando está luchando para hacer que su cuerpo se sienta más natural mientras trata de patear con su pie más débil, puede decir que son sólo los papeles los que han cambiado, no la importancia que se les da.

El pie que no patea está firmemente plantado al lado del balón. Golpee suavemente a través de la pelota, con los cordones (para mayor potencia) o con el pie lateral para mayor precisión. Su cabeza avanza por encima de la pelota, manteniéndola baja. Casi dos tercios de los goles marcados provienen de tiros bajos, por lo que mantener el balón bajo es la habilidad clave que hay que desarrollar. Sus brazos salen para equilibrarse y sus hombros giran para generar energía, girando en la dirección en la que se mueve el pie que patea. Usted se ha inclinado ligeramente hacia delante para mantener el balón bajo.

Para los tiros que quiere levantar, su cabeza está más erguida, no se incline hacia adelante y el pie que no patea está plantado un poco más atrás para un tiro bajo.

Desarrollar su pie más débil para disparar se trata de hacerlo instintivo. A menudo, las oportunidades de rodaje son fugaces y requieren un esfuerzo por primera vez. Debería trabajar en el desarrollo de ese instinto dedicando sesiones de entrenamiento para dar más tiempo al lado más débil, aunque eso signifique un poco de práctica con un portero o un muro cuando todos los demás se dirigen al bar, o siguen conduciendo hacia el parque de entrenamiento".

Usted puede practicar en su patio trasero con los niños o, de nuevo (y mejor aún, porque puede patear más fuerte) una pared. Mantener un globo en la casa nos da la oportunidad de tener una o dos huelgas cuando vamos al baño, o de hacer una taza de café.

Puede tener una caminata a paso ligero por la calle, o en un pasillo tranquilo en el trabajo. Sólo asegúrese de que el jefe no se lo ponga en la espinilla mientras colocamos uno en la esquina inferior - metafóricamente, por supuesto.

En la sección anterior, analizamos cómo la comprensión de los puntos fuertes y débiles de sus rivales puede convertirlo en delanteros más eficaces. No hace falta pensar mucho para darse cuenta de que los jugadores defensivos están haciendo los mismos cálculos sobre los jugadores con mentalidad de ataque. Si vuelve al ejemplo del fútbol profesional, podrá ver lo difícil que habría sido la decisión de Van Dijk si supiera que Sissoko tenía dos pies.

Tendría que haber entrado para el placaje, porque no tendría un pie más débil para guiar a su oponente. Eso habría conducido casi con toda seguridad a un simple pase al de apoyo, y a una probabilidad mucho mayor de que se produjera un gol. La importancia de ser un delantero de dos pies no puede ser exagerada.

Consejo principal para llevar 6 - A veces un defensor no puede hacer más que reducir las posibilidades de gol, en lugar de eliminarlos por completo. En estas circunstancias, la defensa inteligente es tan importante como los atributos físicos que posee el jugador defensivo.

Consejo principal para llevar 7 - Los padres y entrenadores deben inculcar la importancia de usar ambos pies en la mente de los jugadores jóvenes tan pronto como sea posible.

Consejo superior para quitar 8 - Ambos pies son importantes, cualquiera que sea el que haga el tiro. La técnica es la misma tanto para el tiro con el pie derecho como con el izquierdo. No hay razón para ser un jugador de un solo pie, aparte de que se siente más cómodo. Incluso eso se aborda si practica con suficiente regularidad.

Hacer que el paso, la caída del hombro y otros trucos de regateo sean una parte natural de nuestro juego

Un buen delantero ya va a saber si tiene el ritmo para superar a su defensa en una situación de uno contra uno. Un extremo veloz, o un nuevo estilo de 'velocista' en el centro del campo, a menudo tendrá esa ventaja en velocidad. Pero no siempre.

Hoy en día, el hombre anticuado ha comenzado a desaparecer del juego. Como resultado, los jugadores defensivos ya no necesitan medir aproximadamente dos metros para ganar batallas aéreas. Los defensores más rápidos y ágiles están de moda. Todo esto se combina para que los jugadores ofensivos necesiten algo más que velocidad para vencer a su marcador. También necesitan astucia. Los retos a los que se enfrentan los centros delanteros, los números 10 y los extremos (a los que hay que añadir los laterales) son mayores que nunca. Esta es una necesidad mayor en un lugar como Estados Unidos, donde la norma son los defensores fuertes y atléticos.

Echemos un vistazo a algunas de estas habilidades individuales que puede incorporar a su juego ofensivo.

El Step Over - dejar a nuestro defensor postrado en el suelo

La superestrella portuguesa y ganadora frecuente de Ballon D'Or, Cristiano Ronaldo, es el maestro del step over. Encuentra los clips en línea de este extremo que se convirtió al centro hacia adelante. Lo más sorprendente es la velocidad a la que operan los pies del jugador portugués. Ya sea que corra a toda máquina, o que se detenga antes de acelerar, los pasos se producen en un abrir y cerrar de ojos. Sólo necesita un momento de confusión en la mente del defensa, y Ronaldo está fuera.

Ya desde su adolescencia en el Manchester United, el jugador fue capaz de aterrorizar a las defensas. De hecho, la decisión de Sir Alex Ferguson de jugar con el suyo como extremo, antes de colocarlo más tarde en una posición de delantero más central, le dio la oportunidad de desarrollar esas habilidades que todavía brillan hoy, a pesar de que el jugador tiene más de treinta y tantos años. El paso por delante ha dado lugar a innumerables goles y asistencias para Ronaldo y sus equipos, y ha sido un factor crítico en su éxito.

El paso por encima funciona mejor cuando se corre a alta velocidad, directamente a un defensor que está cayendo hacia atrás para ralentizarnos. Sin embargo, para los que tienen suficiente talento, también se puede utilizar cuando se detiene y atrae al defensor.

El movimiento está en sus sonidos. Simplemente usa su pie para rotar la pelota sin tocarla. El defensor sigue el pie, su peso se desplaza y se crea espacio. Luego movemos la pelota con el otro pie para explotar este espacio.

Un doble paso por encima causa aún más confusión defensiva. Aquí, primero un pie realiza la maniobra, luego el otro. El defensor está cada vez más desequilibrado a medida que avanza la aproximación.

La clave para perfeccionar esta habilidad es el equilibrio. Trabaje (con o sin balón) corriendo con los dedos de los pies, con los brazos abiertos para mantener el equilibrio. Intente completar los movimientos de los pies del paso por encima sin perder velocidad.

La gota del hombro y el adiós

Puede mejorar esta habilidad sin necesidad de un balón. Puede conseguir los movimientos justo antes de trabajar contra un oponente real. Esta maniobra trata sobre el disfraz y el movimiento del cuerpo. Corra a un ritmo de tres cuartos hacia el defensor, con el balón bajo control, equilibrado y con los pies en la tierra.

A medida que se acerque al oponente defensivo, baje un hombro, empuje su peso de esa manera, déjelo caer y doble la rodilla de ese lado. Golpeé la pelota en la otra dirección con el exterior de su otro pie. Su oponente ha seguido la caída de su hombro y ha desplazado su peso de ese lado, lo que le dificulta reaccionar ante lo que viene después.

Al golpear la pelota, empuje el pie que tiene apoyado desde la rodilla doblada. Acelere después del balón, con su ritmo cambiando a la velocidad máxima. Si completó la jugada correctamente, habrá confundido a su oponente, lo que le dará tiempo para esquivar o hacer un tiro, un centro o un pase.

El Turno de Cruyff - Recuerdos de un Mago

Algunos grandes jugadores nunca han logrado ganar el Mundial. Michel Platini, George Best, Lionel Messi, Ronaldo son cuatro que vienen a la mente rápidamente. Pero hay otro que estuvo increíblemente cerca. Ese es el maestro Johan Cruyff. Este genio del mediocampo fue el talento detrás de uno de los mejores equipos de la historia, los equipos holandeses de fútbol de los años setenta.

Cruyff dominó este pequeño movimiento que es perfecto para crear el espacio para un centro o un tiro. Implica un rápido cambio de dirección, moviéndose desde una posición casi estacionaria. La pierna del atacante se coloca entre el balón y el defensor para protegerlo. El otro pie se engancha alrededor y atrapa la pelota. Hay una pausa momentánea, y la pelota es empujada (no pateada, este es un movimiento sutil) entre 90 y 180 grados desde donde había estado dirigiéndose. El atacante entonces cambia de dirección y se aleja con el balón, tirando o pasando si se presenta la ocasión.

El turno de Cruyff es para engañar a un defensor. Por lo tanto, el atacante utiliza todas las tácticas que puede para lograr su objetivo; los brazos rotan, los hombros se hunden y los ojos se desorientan. Utilizado de forma efectiva, el turno de Cruyff es una herramienta muy eficaz para ayudar a un delantero a superar a su defensor.

A los niños les encanta aprender estas habilidades. También son divertidos para que los adultos los usen. Para practicar, empiece en una posición estacionaria, sin oposición para conseguir que los movimientos y el peso del tacto sean correctos. Luego avance a moverse a un ritmo de trote. Por último, coloque un cuadrado de conos a 15 yardas de distancia y trabaje para cambiar de dirección en cada esquina.

Two Footed Touch - Apretar a través de los espacios

El trabajo de un defensor suele consistir en ralentizar a un delantero hasta que llegue el apoyo para cerrar el espacio. Un delantero puede crear su propio espacio en esta situación con una habilidad difícil pero eficaz. En efecto, él o ella hace un pase corto con un pie hacia el otro, y luego utiliza ese pie para propulsar el balón a través del espacio entre los defensores. El delantero baja su centro de gravedad y acelera por el espacio después del balón. Incluso si la habilidad no se quita, a menudo se gana un tiro libre cuando los jugadores defensivos intentan cerrar el espacio.

Hay dos criterios clave requeridos para esta habilidad. En primer lugar, el delantero necesita pies rápidos. En segundo lugar, un cambio de ritmo explosivo. Los jugadores pueden trabajar en ambos durante su vida cotidiana. Añada a sus planes de ejercicios diarios carreras cortas.

La técnica requiere dejar caer el centro de gravedad, bombear las piernas y los brazos, y conducir hacia adelante.

Los pies rápidos mejoran con muchos pasos cortos. Las escaleras de Agility son excelentes para esto. Pero hay escaleras de agilidad en la mayoría de las calles y en muchos patios traseros. Se llaman adoquines y son ideales para trabajar en pasos cortos y potentes.

Una vez que tiene los criterios físicos en su lugar, puede introducir un balón y practicar el pase corto entre los pies.

La nuez moscada - Cómo molestar nuestra espalda completa

A nadie le gusta que le den nuez moscada. Este es el movimiento por el cual el balón es "pasado" entre las piernas del defensor, y el delantero corre alrededor, dejando a su oponente mirando y sintiéndose un poco tonto.

Cuando los defensores compiten con sus oponentes, tienden a abrir las piernas para mantener el equilibrio y para que puedan cambiar de dirección. A medida que la pelota pasa a través de ellos, cierran automáticamente sus piernas para intentar detenerla. Si tienen éxito, el balón suele rebotar hacia el delantero; de lo contrario, se pierde el equilibrio y la capacidad de cambiar de dirección rápidamente. El delantero está fuera. La multitud aplaude y el defensor humea.

Knock and Go - Explotar el ritmo

Terminemos esta minisección volviendo al atributo principal de muchos jugadores atacantes, especialmente los jugadores anchos: la velocidad del rayo. En este movimiento confiamos en nuestras piernas contra nuestro oponente. El jugador defensivo está intentando frenarnos y conseguir apoyo para evitar esta maniobra. Pero nosotros nos anticipamos a esto, golpeando el balón más allá del defensor y acelerando a su alrededor.

La fracción de segundo que ganamos mientras el defensor se da cuenta de lo que ha pasado, nos dará la oportunidad de conseguir algo de espacio y tiempo (fraccionario).

En términos de trabajar en esto, de nuevo se trata de desarrollar un cambio de ritmo explosivo. Puede mejorar esto con la técnica - bajando su cuerpo al suelo, acortando sus pasos y bombeando con los brazos y las piernas. A su vez, puede desarrollar esta habilidad como parte de su programa de acondicionamiento físico continuo, así como en sesiones específicas de entrenamiento de fútbol.

Una pequeña nota - como adultos, por lo general usted es consciente de que los cambios repentinos en el ritmo ponen tensión en sus músculos y ligamentos. Esto es a menudo es de poco interés para los jugadores jóvenes, que sólo quieren seguir con su juego o ejercicios. Es importante que el entrenador se asegure de que los jugadores han estirado y calentado antes de trabajar en ejercicios que dependen de un cambio de ritmo.

Para concluir esta sección sobre trucos ofensivos que podemos emplear para mejorar nuestra efectividad, recordemos que el fútbol es diversión y entretenimiento. Ninguna de las dos cosas se muestra mejor que en las emocionantes habilidades de un jugador. También pueden formar una parte muy agradable del acondicionamiento físico general o de las actividades de calentamiento; idealmente con, pero incluso sin, un balón.

Los entrenadores pueden animar las sesiones de dominio de balón y correr gritando movimientos para intentar - 'Paso por encima', 'Suelta el hombro', 'Cambia el ritmo' y así sucesivamente.

El dominio de balón puede cambiar los juegos y crear oportunidades de gol. También entretiene a la multitud. Y nosotros, como jugadores y entrenadores. Esto por sí solo lo convierte en algo en lo que vale la pena invertir tiempo.

Top Tip To Take-Away 9 - Hay muchos trucos que los jugadores pueden utilizar para vencer a un oponente en una situación de uno contra uno. Practique una variedad de ellos, o los defensores conocerán sus maniobras favoritas.

Top Tip To Take-Away 10 - Los trucos no siempre funcionan; necesita desarrollar la resiliencia para seguir intentándolo incluso cuando sus intentos no están saliendo bien.

Consejo principal para llevar 11 - Debido a que este tipo de habilidad implica cambios de ritmos repentinos y explosivos, es importante calentar adecuadamente antes de trabajar en ellos en la práctica.

Un breve mensaje del Autor:

¿Está disfrutando el libro? ¡Me encantaría escuchar su pensamiento!

Muchos lectores no saben lo difícil que son las críticas y lo mucho que ayudan a un autor.

Estaría increíblemente agradecido si pudiera tomarse sólo 60 segundos para escribir una breve reseña sobre Amazon, ¡aunque sólo sean unas pocas frases!

Por favor, diríjase a la página del producto y deje una reseña como se muestra a continuación.

¡Gracias por tomarse el tiempo para compartir sus pensamientos!

Su revisión realmente hará una diferencia para mí y me ayudará a ganar exposición para mi trabajo.

Aprovechar al máximo el mediocampo

El fútbol hoy en día es un deporte muy fluido. Si vuelve a los años setenta, quizás incluso más recientemente, los papeles estaban mucho claramente definidos. O, aquellos que apoyan los cambios podrían argumentar, restrictivo. Empezando por atrás, el portero era un tapón de balas. Mientras pueda patear el balón dos tercios de la longitud de la cancha, su juego de pies no es importante. Como veremos en el próximo capítulo, ya no es así.

Los defensores defendieron, los atacantes atacaron y los centrocampistas fueron empleados defensiva u ofensivamente. La vida era sencilla entonces, no lo es hoy. En el juego moderno, los jugadores necesitan ser capaces de desempeñarse eficazmente en todas las áreas del campo. Por ejemplo, la tarea defensiva del delantero central ya no se limita a volver a las curvas. Ahora deben cerrar a los defensores (la infame "alta prensa"), trabajar de nuevo y concentrarse en mantener la forma del equipo fuera de la posesión del balón.

Cuando el balón largo era el rey, los delanteros solían fallar cuando la posesión cambiaba de manos, el balón golpeaba por encima de sus cabezas; ya no es así.

Lo que nos lleva claramente al papel de centrocampista. Ninguno de los atributos que vamos a describir y sobre los que ofreceremos consejos para mejorar son exclusivos de los jugadores que se encuentran en esta posición en el campo. Sin embargo, son más aplicables a ellos.

Haciendo del balón nuestro amigo

Estar cómodo con el balón es la marca de un jugador realmente talentoso. Lograr esto es una mezcla de destreza física y mental. Los jugadores necesitan las habilidades para mantener la posesión; la fuerza física para resistir los desafíos y la fuerza mental para hacer frente a la presión de esta zona abarrotada del terreno de juego.

Mantener la posesión - El primer toque

Cuando los cazatalentos miran a las posibles estrellas del futuro, la primera habilidad que buscarán es el primer toque del joven jugador. Esa capacidad de tomar el balón bajo control perfecto, protegerlo de los defensas depredadores y colocarlo de manera que todas las opciones (tiro, pase corto, pase largo, regate) estén disponibles.

Sí, puede trabajar en su primer toque, y de hecho debería hacerlo -a cualquier nivel que juegue-, pero también hay una habilidad innata en este aspecto concreto del juego. Cuando los cazatalentos antes mencionados ven a un jugador prometedor, y ese primer toque es bueno, sólo entonces buscarán los otros atributos -físicos, mentales y de habilidad- que ofrecen un potencial crucial.

En primer lugar, tiene que desarrollar la conciencia de la presión. Visión periférica. Dennis Bergkamp fue uno de los grandes jugadores. El maestro holandés (estos jugadores de Holanda parecen estar sobre representados cuando miramos a los grandes) tuvo el más exquisito de los primeros toques. Obsérvalo jugar -tristemente ahora sólo es posible en video, lo que no le hace justicia- y es evidente que mucho antes de que el balón le llegue, ha mirado a su alrededor y ha evaluado todas las posibilidades…y los riesgos.

Así sabe si debe moverse hacia el balón o esperar a que llegue; sabe si debe dejarlo rápidamente o si tiene tiempo para controlar el balón y conducir hacia delante; sabe dónde está el espacio y hacia dónde se dirigen sus compañeros de equipo. Tener un buen primer contacto no es una habilidad fácil, pero saber cómo se está desarrollando el juego a nuestro alrededor lo hace aún más factible.

Podemos ayudar a construir esa visión periférica de dos maneras. En primer lugar, el ejercicio. Incluso caminar por la calle concentrados en lo que sucede a nuestro alrededor nos ayudará a desarrollar nuestra conciencia. Quítense los Beats y observen el mundo. Pronto verá que sus habilidades de observación mejoran, y eso mejorará su conciencia sobre el terreno de juego; conseguir esta amplia imagen se convertirá en algo natural para usted". En segundo lugar, puede concentrarse en maximizar su visión periférica. Hay un ejercicio divertido que, si se practica con regularidad, mejorará su visión periférica.

Tome una taza y un palillo de dientes. Siéntese en casa y concéntrese en un objeto - algo así como una fotografía o un adorno es lo ideal. Ahora, manteniendo el foco en el objeto, coloque la taza en el extremo final de su visión. A continuación, mientras usted sigue enfocando el objeto en cuestión, trate de colocar el mondadientes en la taza. Jugar a este pequeño juego regularmente verá mejorar su visión periférica.

El mismo efecto se obtiene comprando un tablero de luz del tipo utilizado por los ópticos, pero los cientos de dólares que cuesta podrían invertirse mejor en algo que se pueda utilizar más ampliamente cuando un palillo de dientes, una taza y un poco de paciencia dan los mismos resultados.

Una pequeña nota aquí - a medida que usted envejece, su visión periférica se reduce. Mantenerlo no sólo lo ayuda como jugador de fútbol, sino también en su vida cotidiana.

Ahora su visión periférica está al máximo, y está acostumbrado a examinar el campo que lo rodea, pasamos a las habilidades físicas para lograr el primer contacto perfecto.

Cuando el balón está en el suelo, tomar posesión con el hombro hacia el balón y en el medio giro aumenta la velocidad con la que puede hacer el siguiente movimiento. Pero lo más importante es asegurar que el control sea bueno.

Puede controlar el balón con los pies, el muslo, el pecho o la cabeza. Cualquiera que sea, trate de amortiguar el balón dando un poco cuando llega. Luego debe colocarlo en el suelo un poco más lejos de sus pies. Levante la cabeza y, cuando es posible, pase por encima de la pelota. Sus brazos están listos para la protección y el equilibrio.

Muchas sesiones de entrenamiento le brindarán tiempo para mejorar el primer contacto, especialmente cuando se trabaja con jugadores más jóvenes. Pero puede entrenar fácilmente en su patio trasero. Una pared es un compañero de equipo perfecto. Recibe nuestro pase y nos devuelve uno. Diez minutos al día trabajando en el primer toque utilizando una pared y la mejora en su juego será inconmensurable. Oh, y no descuide ese miembro más débil. ¡No apreciará que lo dejen fuera, y podría buscar venganza cuando más la necesiten!

Desarrollo de la fuerza física

Equilibrio y fuerza. Estos son elementos cruciales que todo centrocampista exitoso necesita. Puede desarrollarlo con y sin balón. Ejercicios de agilidad, pesas, carreras de manejo de balón con conos y maniquíes. Su fuerza en la parte superior del cuerpo es particularmente importante cuando busca desarrollar el poder para mantener la presión de sus oponentes.

Un ejercicio tan bueno como cualquier otro para desarrollar la fuerza de la parte superior del cuerpo es la humilde presión hacia arriba. Sin embargo, esto sólo es un ejercicio útil si su técnica es buena.

- Mantenga los pies juntos;

- Las piernas, el glúteo y la espalda deben estar rectas y permanecer en línea en los ejercicios;
- Apriete las nalgas;
- Las manos deben estar directamente debajo de los hombros.
- La cabeza debe mantenerse en una posición cómoda y el cuello relajado.

Cómo sobrellevar la presión mental en el mediocampo

Hoy en día, con los defensas rugiendo para apoyar los ataques, el centrocampista, que se encuentra en el fondo de la cancha, a menudo tiene poca protección detrás de ellos. Tal vez un mediocampista está posicionado para cubrir en caso de que se pierda la posesión; tal vez una de las defensas es lateral para nosotros; lo más probable es que todos los demás hayan seguido adelante.

Por muy bueno que sea, a veces hace un mal pase, o se comunica mal con un compañero de equipo. La posesión se perderá y se arriesgará a recibir un gol si sus rivales pueden pasar a atacar rápidamente.

Si les pasa a los grandes mediocampistas del mundo -Iniesta, Modric, Ozil- le pasará a usted. Pero lo que debe decirse es que, por cada error, hará un buen pase, creará una oportunidad de oro o ayudará con un gol con más frecuencia. El beneficio neto para el equipo supera el error ocasional.

Es la naturaleza humana morar en los errores, cargar con la culpa por nuestras fallas. Pero los jugadores fuertes no caen en esta trampa. Ciertamente, revisan su juego, tratan de aprender de sus errores e intentan no volver a cometer el mismo pecado. Pero eso no les impide buscar el pase creativo.

Hay muchos ejercicios de fuerza mental que los jugadores pueden usar para ayudarlo a desarrollar este aspecto tanto de su juego... como de su personalidad. Los veremos más adelante. Sin embargo, vale la pena reiterar aquí que el fútbol es un juego de equipo. Como dice la verdad - un equipo gana juntos, anota juntos, concede juntos y pierde juntos. Cuando un jugador comete un error, el apoyo de sus compañeros es crucial para que puedan avanzar.

Uno de los mejores mediocampistas de los últimos tiempos fue el líder del Liverpool y de Inglaterra, Steven Gerrard. El Liverpool era el club dominante no sólo en Inglaterra, sino también en Europa. Y eso significaba que eran el equipo más fuerte del mundo. Pero los tiempos cambian y, cuando volvieron a ganar el título en 1990, sus seguidores no podían imaginar que, más de un cuarto de siglo después, seguirían buscando su próximo campeonato de liga.

Luego, hace un par de temporadas, tuvieron un gran equipo con una línea de ataque súper fuerte. La batalla por el título de liga estuvo muy reñida, pero parecía que era suya. Luego, al final de un partido contra su rival, el Chelsea, Gerrard recibió un pase directo en una posición defensiva en el mediocampo. Esperando la entrega habitual de un pase brillante, la defensa se adelantó. Pero inexplicablemente el primer contacto de Gerrard lo abandonó. La pelota había estado en el suelo, perfectamente cargada. Luego, para añadir a sus penas, se resbaló. El delantero del Chelsea más cercano agarró el balón, se escapó, anotó y perdió el título.

Gerrard tenía el corazón roto, pero la culpa de perder el título no fue suya. Otros puntos se habían perdido en el transcurso de la temporada, y las ocasiones se perdieron en el propio partido. Sus compañeros de equipo y su afición lo rodearon: su legendaria posición no se vio mermada y se movió hacia adelante.

Hay una lección para cada jugador de fútbol. Las pequeñas cosas importan. El primer toque es la base de todo buen jugador, incluso en la cima. La desintegración mental y física y la pérdida del primer contacto pueden tener un impacto en cualquier persona en cualquier nivel. Además, los errores con el primer toque tienden a ocurrir más tarde en el juego. Es más difícil concentrarse cuando el cuerpo está cansado al final del juego.

Top Tip To Take-Away 12 - Incluso los mejores jugadores necesitan practicar su primer toque regularmente.

Consejo superior para llevar 13 - Puede desarrollar visión periférica simplemente caminando por la calle.

Top Tip To Take-Away 14 - Los mejores pases van a los pies. Pero debemos trabajar en nuestro primer contacto con el muslo, el pecho y la cabeza también. En cada caso, los fundamentos son los mismos

- Compruebe la cantidad de presión a la que estará sometidos al recibir el balón;
- Decida si su primer toque será para controlar el balón, hacer un pase por primera vez o despejar el balón;
- Coloque su cuerpo en posición;
- Si quiere controlar el balón (normalmente la mejor y más segura opción si tiene tiempo para hacerlo) su primer toque "da" un poco, para amortiguar el balón;
- Coloque la cabeza en línea con el balón y use los brazos extendidos para mantener el equilibrio;
- Si es posible, su primer toque se realiza en el medio giro, para que pueda mover la pelota hacia delante rápidamente;
- El objetivo es dejar caer el balón a los pies listos para pasar o conducirlo con el segundo toque.

Top Tip To Take-Away 15 - La fuerza física, especialmente en la parte superior del cuerpo, lo ayudará con su primer toque, ya que lo hace mejor en la contención de los defensas. No necesita ejercicios complejos para mejorar la fuerza de la parte superior del cuerpo. El empuje humilde hacia arriba - o incluso los ejercicios isométricos tradicionales como empujar directamente contra un objeto estático - lo ayudará a desarrollar este atributo.

Consejo principal para llevar 16 - Su primer toque a veces lo abandonará. Los mejores jugadores no se detienen en esto, sino que analizan las razones por las que se cometió su error y abordan los fallos que lo llevaron a cometerlo. De hecho, este consejo es uno que se aplica a casi todos los errores en el fútbol - ¡no lo expresaremos cada vez!

Conciencia Táctica - Manteniendo la Forma y Haciendo Correr

El centrocampista es frecuentemente tanto un defensor auxiliar como un delantero. Como tal, las habilidades de estas dos áreas del campo deben formar parte de su arsenal.

Ciertamente tan importante como las habilidades individuales del jugador es la capacidad de mantener la forma y la disciplina. Los entrenadores trabajarán en la forma dentro y fuera de la posesión. Hoy en día, a nivel profesional, los jugadores tienen la aptitud física y la fuerza mental para mantener su forma incluso bajo presión. Por eso, la fase de transición, en la que se pierde la posesión, se ha vuelto tan importante en el juego moderno.

Lo que ocurre a nivel profesional llega hasta el fútbol amateur, por lo que tiene tanta importancia para los equipos que juegan un partido dominical por la mañana en el parque como para los finalistas de la Liga de Campeones.

La clásica línea defensiva de dos líneas de cuatro con dos delanteros presionando el balón es muy difícil de romper. Sin embargo, durante la transición es a menudo el centrocampista quien tiene que tomar las decisiones más importantes. Serán los jugadores con más probabilidades de salir de su posición de "tercer mediocampista", y también los mejores situados para sustituir a un defensor que ha empujado hacia delante o (en el caso de la transición al ataque) el que se romperá para unirse a sus delanteros.

Quizás el máximo exponente del dominio del mediocampo en los últimos años sea el jugador español Xavi. Sus catorce años con el Barcelona y 133 partidos con España coincidieron con los mejores años de estos dos equipos. Eso no es casualidad. Xavi fue un jugador fenomenalmente hábil, con un excelente primer toque. Pero su conciencia táctica no tenía parangón. No sólo se esperaba de él una tasa de éxito de más del 90%, sino que muchos de esos pases fueron decisivos. Sin embargo, también era consciente de sus deberes defensivos.

YouTube está repleto de clips de sus mejores actuaciones. Su papel en la victoria por 6-2 sobre el Real Madrid en los primeros días del reinado de Pep Guardiola es uno de los mejores.

Top Tip To Take-Away 17 - Un gran conocimiento del juego, especialmente la lectura de lo que sucederá a continuación, es la clave para hacer de un buen centrocampista. Tal jugador debe saber instintivamente qué hacer, y ese instinto se desarrolla a través de la observación de los mejores exponentes del juego.

Convertirse en el sueño de un jugador defensivo

Ya no es un jugador aparte - El Portero

De vuelta en el Capítulo Uno, echamos un breve vistazo a la importancia de las consecuencias no deseadas. Podemos ver uno de ellos en el fútbol como resultado de un cambio en la ley que ocurrió en 1992. La Copa Mundial de 1990 había sido algo decepcionante (seguramente la peor final de todos los tiempos, en la que Alemania se impuso a Argentina con el único gol del partido). En la fase de eliminatorias se produjo un mínimo de 33 goles marcados en dieciséis partidos. Cuando se considera que diez de ellos fueron anotados en dos partidos: Inglaterra contra Camerún y Checoslovaquia contra Costa Rica, la opinión de que el Mundial de 1990 fue una fiesta aburrida es difícil de cuestionar.

Sin embargo, las razones de esta vajilla eran muchas facetas - las defensas eran más eficientes que las ofensas; la mentalidad de muchos equipos no era la de perder más que la de ganar. Pero, en concreto, se perdió una gran cantidad de tiempo al devolver el balón al guardameta, que lo retenía durante largos periodos de tiempo, lo desenrollaba y lo recuperaba de nuevo. Todo el proceso de aburrimiento se repetiría.

El gol en los primeros diez minutos y el partido, al parecer, a menudo había terminado. Como reacción a esto, la FIFA introdujo la regla de los pases traseros, que prohibía al guardameta manipular cualquier pase jugado deliberadamente.

Inicialmente, los porteros hacían cascos con los pases traseros que ahora recibían en el campo y se producía una batalla aérea. Pero ahora, un cuarto de siglo después, el papel del portero ha evolucionado. Gracias en gran parte al juego basado en la posesión de la increíblemente exitosa selección española, y al club Barcelona, los entrenadores han empezado a darse cuenta del valor de construir desde atrás y mantener la posesión.

Para conseguirlo, el portero desempeña un papel muy importante. Ya no está allí sólo para coger un centro o golpear un balón largo hasta el centro hacia adelante, sino que con frecuencia es el hombre de repuesto. De hecho, la jugadora necesita ser lo suficientemente buena de pie como para sacar a una delantera de su posición, creando espacio para que el balón se juegue.

El contragolpe al fútbol está de moda, y una vez más el portero es la clave para ello. Él o ella busca jugar un pase largo, plano y preciso para iniciar un ataque una vez que se recupera la posesión. También deben hacer esto rápidamente, antes de que sus oponentes se reorganicen.

El guardián de la barredora

Por supuesto, no todos podemos ser una mezcla de Ronaldo y Gordon Banks. Muchos guardametas empezaron en la posición cuando eran niños por tres razones. Los dos primeros pueden ser tomados como un cumplido, en cierto modo. Lo más probable es que posean una combinación de atributos -un poco de altura y un buen atletismo- que animaban a sus entrenadores a colocarlos entre los palos, por así decirlo. Lamentablemente, el tercer atributo no siempre fue tan positivo como los otros dos. Los porteros a menudo terminaban en la portería porque no eran tan hábiles sobre el terreno de juego.

Pero, nunca es demasiado tarde para empezar a aprender. Ser bueno con los pies es algo que todos podemos desarrollar. Hay un par de cambios simples y claves que podemos hacer en nuestros procesos de formación que nos ayudarán en este campo.

En primer lugar, cuando se trata de la formación, haga el trabajo principalmente con el resto del equipo. Tradicionalmente, los guardametas se han entrenado por su cuenta o han sido utilizados para ayudar a los delanteros a desarrollar sus propias habilidades de acabado. Los porteros que insistan en que su trabajo de entrenamiento incluya todo lo que hacen sus compañeros de campo, verán cómo se desarrollan sus propias habilidades futbolísticas.

Y habrá un bono por trabajar de esta manera. La comunicación con otros jugadores mejorará porque se pasará más tiempo con ellos. Los porteros también conocerán, incluso mejor de lo que ya conocen, los puntos fuertes y débiles de sus defensas. Entrenar con todo el equipo también es, afrontémoslo, más divertido que trabajar con otro portero o con un solo entrenador.

Los porteros deberían exigirles que participen en los cinco partidos paralelos que suelen tener lugar en una sesión de entrenamiento, como jugadores de campo, y no sólo en la portería. Deberían participar en los ejercicios de rondó (con más números en un lado y menos oponentes), de nuevo de forma creativa, no sólo como oposición. El equipo se beneficiará a largo plazo.

Esto significa que el trabajo específico que un guardameta necesita, como, por ejemplo, trabajar en su manejo, en la toma de cruces y en la parada de tiros, debe ser completado como extra. Sin embargo, ese es un precio que vale la pena pagar si mejora sus habilidades de juego.

De este modo se llega al segundo trabajo específico que un portero puede llevar a cabo para mejorar su control y su pase. Simplemente, trabaje en ellos todo el tiempo. Además de las cincuenta altas capturas que los guardametas realizan diariamente al lanzar el balón fuerte y alto contra la pared trasera, se añaden cincuenta pases de pared, veinticinco con cada pie. Trabaje en el primer toque, así como en el primer pase.

Hoy en día, no hay ninguna razón para que el guardameta sea simplemente una presencia en la portería, los mejores añaden algo más que una integrante en el campo a los aspectos creativos de su equipo.

La estrella de Schmeichel

El guardameta danés Peter Schmeichel fue considerado el mejor jugador del mundo en su posición a principios de la década de los noventa, y ganó el premio a mejor guardameta del mundo de la IFFHS (Federación Internacional de Historia y Estadística del Fútbol) dos veces seguidas (1992 y 1993) y dos veces más el de subcampeón. Dado que el título ha sido ganado durante todos los años de su existencia, menos cuatro, por un guardameta de una de las principales potencias mundiales del fútbol internacional (por lo general, España, Alemania o Italia), su logro es aún más notable.

De hecho, Schmeichel fue una de las principales razones por las que el Manchester United se convirtió en el equipo más poderoso en los primeros años de la Premier League inglesa. Fue un guardameta excepcional en todos los aspectos, aunque su tiempo fue anterior a la tendencia actual de los porteros a ser excelentes pasadores del balón.

Sin embargo, desarrolló una técnica particularmente efectiva que aumentó sustancialmente su tasa de éxito en situaciones de una contra una en comparación con otros guardametas. Podríamos llamarlo una "estrella", porque parecía como si le hubieran crecido miembros extra en esta situación.

La técnica de Schmeichel consistía en acercarse al delantero avanzando por la portería de la forma habitual, estrechando los ángulos en los que el atacante podía disparar. Luego utilizó una técnica que maximizaba el área de su cuerpo. La mayoría de los guardametas tratarán de "mantenerse grandes" en estas situaciones al no ir al suelo demasiado pronto, lo cual es una buena técnica. Sin embargo, Schmeichel desarrolló la habilidad de separar sus brazos y piernas lo más posible cuando el delantero estaba a punto de disparar. Por lo tanto, no buscó salvar el balón, sino hacer un blanco tan grande que, en la mayoría de los casos, el balón le golpeó o, debido a que sus ángulos eran buenos, voló de par en par.

Fue un método excelente, un método que tuvo mucho éxito en la reducción de la cantidad de goles simples que su equipo recibió en situaciones de un contra uno. Por supuesto, a medida que aumentaba su éxito, ponía más énfasis en los atacantes, que sabían que su esfuerzo se enfrentaría a un alto porcentaje de posibilidades de ser salvados. Ese juego psicológico en la mente cambió el equilibrio de poder. Ahora eran los huelguistas los que estaban en duda, y por lo tanto se sentían presionados y apresurados. Por lo tanto, su probabilidad de no puntuar aumentó aún más.

Trabajar con esta técnica en la práctica es fácil de hacer. Consiga que los delanteros vengan de diferentes ángulos, incluso de frente. Practique en el momento adecuado, forzando al delantero a disparar quizás antes o desde una posición menos ventajosa de la que le gustaría, y trabaje para hacer que el cuerpo sea lo más grande posible. Los porteros deben seguir siendo los extraños cuando se trata de quién gana el duelo, pero a medida que esta técnica mejora, el equilibrio de poder cambia. Pronto, es el delantero el que falla a menudo en un partido de una contra uno, no el portero.

18 - Como portero, mantenga la mente abierta a las técnicas de entrenamiento y trabaja duro en el control del pie y el pase....

19 - ...sin olvidar que el trabajo principal de un guardameta es prevenir un gol.

El Sr. Confiabilidad, la Sra. Confiable, el Maestro Atento o la Srta. Nunca Mercurial.

Un extremo puede ser impredecible; mientras que la palabra suele verse como una crítica menor -la fiabilidad se considera un rasgo ganador en cualquier aspecto de la sociedad en la que vivimos-, esto no es así para los verdaderos creativos. Esto es algo cierto más allá de la hierba verde del campo de fútbol. Los escritores, especialmente los poetas o dramaturgos, se benefician de la extraña frambuesa, que les da su mejor perspectiva de trabajo. Lo mismo sucede con los actores o pintores. Y corredores o grandes bateadores en el parque de béisbol. Además, por supuesto, los jugadores de fútbol más volubles: los alerones.

Pero un portero nunca debe ser voluble. Podría ser una posición en la que lo excepcional es bienvenido, pero la coherencia se considera esencial. El problema, por supuesto, es obvio. Cuando el mediocampista central pierde un pase, tiene cuatro defensas y un guardameta detrás de él; cuando el guardameta malinterpreta el disparo, las consecuencias son devastadoras. Por lo general, se concede un gol.

Un portero debe ser meticuloso. La preparación y la organización son claves para su desempeño. Una naturaleza perfeccionista puede ser frustrante en el trabajo y peligrosa en una relación, pero es un activo útil para la persona que está entre los palos.

La broma de mal gusto de abajo ilustra el punto de que un buen portero es una criatura de hábito:

Un hombre camina por la calle cuando oye gritos. Levanta la vista y ve a una señora que cuelga de un balcón, logrando agarrar los dedos de un pequeño bebé. Pero el niño está resbalando, y es sólo cuestión de segundos antes de que se caiga para golpear el pavimento duro cuarenta pies más abajo.

Una multitud se ha reunido, y miran nerviosamente hacia arriba. El hombre despeja un espacio debajo del bebé. Está bien, señora -grita-. Deja que el bebé caiga y yo lo atraparé. Soy un portero profesional y nunca dejo caer un centro. El bebé estará a salvo".

Sin ninguna otra opción, la mujer la deja ir. El bebé cae y la multitud aguanta la respiración. Pero el portero es tan bueno como sus palabras. Él toma al bebé en una toma perfecta con dos manos y lo lleva a su cuerpo. La multitud ruge, pero los ánimos se les secan en la boca cuando el hombre rebota al bebé tres veces y lo regatea hasta el final del camino.

Nuestro punto aquí es que el guardameta debe ser la persona más consistente sobre el terreno de juego. Esa consistencia viene de hacer las mismas cosas repetidamente. Es una posición en la que los hábitos son esenciales Un guardameta también debe ser el jugador más organizado del parque. Que es hacia donde nos dirigimos ahora.

Consejo principal para llevar 20 - La repetición es un aspecto vital del entrenamiento de un guardameta.

El Organizador

Los porteros son líderes. A menudo son los capitanes de un equipo. Una parte de la razón de ello es que los guardametas llegan a su apogeo un poco más tarde que los jugadores de campo, quizás a principios de los treinta años, en lugar de a mediados o finales de los veinte. Por lo tanto, a menudo son los jugadores más maduros del equipo.

Pero también deben ser los más organizados, y un papel clave es que comuniquen esas habilidades organizativas al resto del equipo. Un portero que no puede comunicarse ve reducido el impacto de su talento.

Tomemos un ejemplo pertinente. Se estima que la clasificación para la Liga de Campeones tiene un valor de entre 50 y 60 millones de dólares. Más si se logran progresos significativos más allá de la fase de grupos. Durante las temporadas 2018 y 2019 tuvo lugar una de las batallas más emocionantes de la historia de la Premier League. Con dos de los cuatro equipos garantizados un puesto muy por delante, cuatro equipos más lucharon por los dos puestos restantes.

A falta de tres partidos para el final, sólo dos puntos separaban a los cuatro equipos. Luego vino el fin de semana de Pascua de 2019. Sólo el Chelsea de los cuatro equipos logró sumar un punto durante esas vacaciones; el Manchester United, el Spurs y el Arsenal conspiraron para perder. El Arsenal fue el que más cerca estuvo de conseguir un punto vital, y su partido se perdió debido a una catastrófica falta de comunicación entre el guardameta Bernd Leno y el centro ganador de la Copa del Mundo, Shkodran Mustafi.

Por supuesto, el fútbol es ahora un deporte multinacional, con todos los mejores equipos de las principales ligas compuestos por cinco, seis o siete nacionalidades. El equipo del Arsenal que jugó el partido en cuestión, que fue contra Crystal Palace (un equipo al que esperaban vencer), estaba formado por tres franceses, tres alemanes, un gabonés, un griego, un egipcio, un bosnio y un inglés. Desafortunadamente, los problemas de idioma no pudieron ser utilizados como excusa para la interrupción de la comunicación que le costó al Arsenal por lo menos un punto, y probablemente los tres (estaban a la altura de las metas, y muy por encima en otros aspectos cuando ocurrió el incidente). Ocurrió entre dos de los jugadores alemanes.

Esto es lo que llevó a sesenta mil hinchas del Arsenal a un estado de furia incontrolable, y a dos mil hinchas del Crystal Palace a una euforia inesperada.

Se jugó un balón largo hacia adelante. Mustafi, de cara a su propio gol en propia meta, lo hizo retroceder desde unos treinta y cinco metros de la portería. La pelota seguía viajando con bastante rapidez. El defensa estaba protegiendo el balón del talentoso pero inconsistente marfileño y estrella del equipo del Palace. Wilfried Zaha, un jugador sobre el que podría haberse acuñado el término "mercurial".

Leno, en una buena posición de salida, hizo un movimiento hacia la pelota, como si estuviera listo para salir y recogerla. Luego se detuvo. Al igual que Mustafi, que extendió los brazos para proteger el balón de la merodeadora Zaha. Desafortunadamente, ninguno de los dos jugadores del Arsenal dijo una palabra. Leno decidió que no podía alcanzar el balón antes de que el marfileño se precipitara. Mustafi decidió que dejaría que Leno lo recogiera, y el delantero Zaha, que estaba a punto de dar un buen paso, desvió el balón por debajo del guardameta alemán y lo metió en la red.

Fue un error catastrófico. En realidad, ambos jugadores tuvieron la culpa. Doblemente así. En primer lugar, y de manera relevante para nuestro punto en esta sección, ambos jugadores deberían haberse comunicado: Leno tuvo tiempo de recoger el balón y Mustafi de despejarlo. Fue el guardameta quien tuvo la mejor visión de lo que estaba ocurriendo ante él, ya que Mustafi le dio la espalda a Zaha, aunque tan inesperada fue la entrada, dado el dominio del Arsenal, que el defensa dispuso de más tiempo del que debería haber necesitado para hacer frente a la situación.

En segundo lugar, ambos cometieron un pecado capital por su posición. En caso de duda, patearlo podría sonar violento como una forma de jugar al fútbol, pero es mejor que encajar un gol ridículo.

Así que si dos futbolistas internacionales que representan a uno de los equipos más fuertes de Europa, así como a una de las naciones más fuertes del mundo del fútbol, pueden cometer un error tonto como no comunicarse, entonces el aficionado del domingo por la mañana también puede hacerlo.

No hay un gran truco para comunicarse. El mejor consejo para el portero es que hable todo el tiempo. Efectivamente, comentar el partido, instruyendo constantemente a los defensas. Esto sirve para tres propósitos. En primer lugar, ayuda a la defensa: la portera tiene la mejor visión de una situación que se desarrolla en todo el campo, ya que todo tiene lugar delante de ella. En segundo lugar, ayuda a mantener la concentración. Sin duda una parte del problema en el estadio Emirates del Arsenal en el partido descrito anteriormente podría haber sido que el Arsenal era tan dominante en términos de posesión y territorio que Leno se había desviado ligeramente. Los comentarios e instrucciones constantes ayudan a mantener la concentración. En tercer lugar, hablar constantemente garantiza que el guardameta continúe comunicándose cuando más lo necesita, cuando su portería está amenazada.

Hacer que el delantero pague la multa

Aquí hay una pequeña farsa. ¿Qué jugador tiene el récord poco envidiable de faltar la mayoría de los penales en la historia de la Liga, la primera división española?

La respuesta es, sorprendentemente, el pequeño maestro y ganador múltiple del título de "mejor jugador del mundo", Lionel Messi. El penalti, al parecer, no es una garantía directa de conseguir un gol. Algunos analistas piensan que el problema de Messi tiene que ver con la consistencia o la falta de ella. No siempre es el primer jugador elegido por el Barcelona; no tiene una ventaja constante; a veces parece que no está seguro de si va a golpear el balón a su lado favorito o si va a esperar a que el portero se comprometa.

Podemos tomar este ejemplo y utilizarlo para demostrar que los guardametas tienen más posibilidades de detener un penalti (o de forzar un fallo) si ponen en duda la mente de un delantero. La mejor manera de hacerlo es, por supuesto, parar unos cuantos penales. Sin embargo, moverse a través de la línea de meta puede desestabilizar a un delantero; extender los brazos y las piernas para hacer que el guardameta parezca lo más grande posible; saltar sobre el terreno de juego puede distraer a un delantero de forma legal.

Los guardametas de los niveles más altos del juego tienen acceso a cantidades asombrosas de datos sobre los lugares favoritos que les gusta encontrar a los oponentes de los lanzadores de penaltis; su tasa de éxito, su carrera, etcétera. Es poco probable que lo consigamos en el fútbol aficionado, pero, aun así, hay otras cosas que un portero puede hacer para mejorar su juego en los penales.

Los ojos lo tienen - Preste atención a una mirada exagerada en los ojos de un delantero; especialmente con jugadores más jóvenes. Esto puede ser una señal de que tratarán de tirar la pelota hacia el otro lado. La sutileza no suele ser una gran ventaja para los jóvenes, y los entrenadores pueden ofrecer este consejo a sus porteros.

Poner el pie en el acelerador - Los ejecutores de los penales están probablemente más nerviosos que los guardametas cuando se concede un tiro desde el punto penal. Al fin y al cabo, se espera que pongan el penalti, mientras que una parada de un guardameta es una ventaja inesperada. Los porteros pueden mirar con atención cuando el delantero coloca el balón. Vigila su pie que no patea. A menudo esto apunta en la dirección en la que se debe golpear la pelota. Se trata de un movimiento subconsciente por parte del delantero y, por lo tanto, con frecuencia es extremadamente revelador.

Ponga el pie en el suelo - En un tema similar, un delantero buscará un golpe limpio al lanzar un penalti. Esto significa que su pie que no patea será plantado de manera que permita un golpe directo desde el pie que patea. Por lo tanto, el pie parado a menudo apuntará ligeramente en la dirección en la que se golpeará la pelota. El guardameta ganará una fracción de segundo de ventaja si puede moverse pronto, y más aún si se lanza en la dirección correcta. Claramente, un penalti bien golpeado en un saque de esquina seguirá marcando, pero este ejercicio se trata de aumentar las probabilidades de hacer una parada o de forzar un fallo.

El Efecto Elvis - No hubo mejor balanceo de las caderas que el de Elvis. Sin embargo, probablemente habría sido un tirador de penales en el fútbol. Su golpe exagerado le daría una pista clara al portero sobre dónde estaba a punto de terminar el balón. Las caderas de los delanteros tienden a girar en la dirección en que la pelota se desplaza justo antes de hacer contacto. Otra pista útil para completar la lista de los guardametas de los tiros desde el punto penal.

Tartamudeo hacia el gol - Uno de los mejores aquí para el juego amateur. Nos gusta imitar a nuestros homólogos profesionales, sobre todo a los jugadores jóvenes. Una tendencia en el juego de lanzamiento de penaltis en este momento es que la carrera que se avecina sea tartamudeante; el objetivo es hacer que el portero se equivoque de pie o que se sumerja temprano. Sin embargo, tal enfoque significa que es poco probable que el tomador genere tanta energía como con una carrera apropiada. A nivel profesional, los jugadores son lo suficientemente hábiles como para golpear la pelota con extrema precisión, por lo que, si el guardameta adivina bien, es probable que la pelota les pase. Pero a nivel de aficionados, o de jóvenes, esa precisión es menos consistente. Adivina bien contra una carrera tartamudeante y el guardameta tiene muchas más posibilidades de salvar el penalti, ya que será golpeado con más suavidad. Así que, porteros, comprométanse lo más tarde posible si su lanzador tiene una carrera tartamudeante; las probabilidades se cambiarán firmemente a su favor.

Doblar las leyes: Es una gran vergüenza que ciertos elementos de las leyes del juego puedan también ser echados en los eones de la cinta para los travesaños y los shorts largos. Así como la ley de usurpación rara vez se aplica, la ley de abandono de la línea es más notable por su ausencia que por su uso. Es como si los árbitros trataran de corregir la ventaja que tiene un delantero al lanzar un penal, dejando que los guardametas se salgan con la suya. Si lo hace con demasiada sutileza, es probable que incluso los árbitros más miopes nos empujen hacia arriba, pero en general un guardameta puede ganar una ventaja significativa moviéndose hacia delante justo antes de que el delantero golpee el balón, y luego lateralmente después de que se golpee el balón.

Estudiar para tener éxito - Claramente, saber dónde es probable que nuestro oponente golpee la pelota nos da una gran ventaja. Pero como hemos visto, el tipo de desglose estadístico que nos dice, por ejemplo, que Harry Kane golpea el sesenta y más por ciento de sus penalizaciones a la derecha del portero se limita al fútbol profesional. Sin embargo, observar los penales siempre que los guardametas puedan les ayudará a aprender la ciencia del lanzador. Utiliza la televisión, la formación, los vídeos, etc. para examinar el lenguaje corporal de los huelguistas, y empezaremos a ver cómo emergen los patrones.

Está todo en las matemáticas - Sin embargo, nunca debemos olvidar la importancia de las estadísticas. Si imaginamos que el objetivo está dividido en tres -el lado izquierdo, el derecho y el centro- no hace falta mucho trabajo para darse cuenta de que el área en la que es más probable que hagamos una parada está por la mitad. Y los delanteros golpean el balón allí con mucha más frecuencia de la que, al principio, podría parecer. Eso puede ser porque la presión de la ocasión les ha llegado, y para evitar golpear el balón, lo compensan en exceso y lo colocan directamente en el centro de la portería. Puede ser porque piensan que el portero está obligado a zambullirse, y así golpeará la pelota en las áreas centrales vacías. Sin embargo, algunos estudios sugieren que los guardametas que se ponen de pie tienen más del doble de probabilidades de detener un penalti que los que se lanzan al agua.

Esas cifras no nos convencen al cien por cien, pero sin duda, si un portero no ve otra pista de dónde acabará el balón, permanecer erguido será un último recurso más que satisfactorio".

Top Tip To Take-Away 21 - El estudio del delantero aumenta las posibilidades de detener un penalti. Esto incluye el tiempo desde que coloca la pelota hasta el momento en que entra y finalmente patea la pelota.

Jugar por tiempo - Conozca las reglas

A menudo se afirma que hay un abismo entre los administradores del juego de fútbol y los aficionados. A cualquier aficionado que haya pagado un buen dinero para ir a un partido, y luego se haya sentado en el interminable tiempo perdido por un equipo, esa parece ser una observación muy justa. Luego, al final de los 90 minutos, los aficionados ven que el árbitro ha añadido sólo cinco minutos de tiempo adicional, cuando el balón ha estado fuera de juego durante al menos un tercio del tiempo de juego. Es suficiente para volver locos a los aficionados al fútbol.

Conocemos el escenario. El equipo más débil anota temprano, y luego pasa el resto del juego tratando de frenar el juego para minimizar la posibilidad de perder su ventaja. Por ejemplo, un simple disparo entra, el guardameta atrapa el balón y cae sobre él de forma totalmente innecesaria. Permanece postrado durante quince segundos, levanta la cabeza y mira a su alrededor durante otros cinco segundos, se pone de pie lentamente y camina a paso de caracol hasta el borde del palco. Finalmente, lanza la pelota hacia abajo a sus pies y la lanza hacia arriba. Ha pasado por lo menos medio minuto desde que llegó el disparo inicial.

La multitud abuchea y grita, y el árbitro continúa, ajeno a la frustración de los aficionados. Eventualmente, cuando se repite una vez con demasiada frecuencia en un saque de meta, puede producir una tarjeta amarilla para el guardameta. Pero sólo después de varios minutos de juego potencial se han perdido.

Por supuesto, sin embargo, las reglas del juego sí prevén este tipo de pérdida de tiempo, al menos en parte. El guardameta tiene sólo seis segundos desde que usa sus manos para controlar el balón hasta que lo suelta de esas manos. Sospechamos que, al igual que nosotros, la mayoría de los aficionados al fútbol nunca han visto promulgada esta ley. Sin embargo, podría serlo. La sanción por demorar más de seis segundos es un tiro libre indirecto desde el lugar donde se cometió la infracción. Dado que esto tiene que ser dentro del área penal, es un tiro libre potencialmente catastrófico para conceder.

A la mayoría de los aficionados les gustaría que esa regla se promulgara mucho más a menudo. A nivel profesional, esa puede ser una esperanza perdida. Sin embargo, a nivel de aficionados, es muy posible que se haga cumplir. Se aconseja al árbitro que dé una advertencia antes de implementar la sanción, pero no tiene que hacerlo. ¡Guardias, cuidado!

El tapón muere, nace el creador de juego

Aquellos de nosotros que pertenecemos a una cierta edad y que hemos jugado al fútbol toda nuestra vida, recordaremos cómo solía ser, especialmente si practicamos este deporte en la escuela. El entrenador nos echaría un vistazo y nos clasificaría en consecuencia.

Umm, eres rápido, al frente; un poco pequeño, con la espalda llena; parece que lo pateas millas, con la mitad central. Y el que quedaba terminó en la portería. Sabemos un poco más estos días. Mientras que no encontramos a menudo una mitad central de cien libras, ni es esencial pesar el doble de eso y pararse a seis pies y cuatro para mantener la posición.

En cambio, otras habilidades son importantes. La capacidad de organizar y comunicar, de leer el juego y, en el centro de esta sección, de crear ataques intencionados, en lugar de hacer que la pelota tenga la mitad de la longitud del campo y confiar en que se rompa a nuestro propio lado.

Sin embargo, la forma en que un lateral central utiliza sus habilidades futbolísticas es diferente a la de un delantero o un centrocampista ofensivo. Aunque un buen pase, la habilidad de lanzar el balón fuera de la defensa y un excelente primer toque son aspectos clave del mediocampo moderno, por lo general se llevan a cabo en un escenario en el que el jugador tiene más tiempo y espacio para operar.

En realidad, tiene sentido. Cuando un delantero o un número 10 intenta un pase intrincado crea una situación de gol. Pero también el riesgo de perder la posesión. Sin embargo, si ocurre lo peor, todavía hay muchos jugadores detrás que pueden recuperar el balón.

Si el mediocentro pierde el balón al intentar una pequeña habilidad, es muy probable que la transición resultante se convierta en una oportunidad para que el adversario marque.

Por lo tanto, los laterales centrales pueden mejorar su juego trabajando en el pase y el manejo de balón en situaciones de baja presión.

Top Tip To Take-Away 22 - Desarrolla tus habilidades de juego de pies y de balón como jugador en defensa; pero no olvide que a la Fila Z de la tribuna principal le gusta ver el balón de vez en cuando. A continuación, analizaremos este punto.

Las áreas técnicas en las que debe trabajar un centro de apoyo

Nos atenemos a todo lo anterior. Hoy en día, un gran centro necesita ser un futbolista de verdad, no sólo un tapón eficaz. Sin embargo, esas viejas habilidades no son completamente redundantes. Hay momentos en los que hay que ganar el balón, hay que parar a un adversario y hay que despejar un balón. Así que, además de las habilidades de 'pelota' mencionadas anteriormente, argumentaríamos que un gran centro de espalda necesita trabajar, en entrenamiento, en los siguientes aspectos más 'robustos' del juego.

Rumbo: La altura y la distancia son las claves de un cabezazo defensivo. Los jugadores atacan la pelota, en lugar de esperar a que llegue a ellos. Los brazos se mantienen abiertos para mantener el equilibrio, y un empuje de "pico de gallina" de los músculos del cuello imparte poder.

Los laterales centrales suelen ser el blanco de las jugadas a balón parado. Las esquinas, los tiros largos y los tiros libres pueden ser dirigidos hacia estos jugadores. Por definición, el defensa central suele ser uno de los jugadores más altos sobre el terreno de juego, y también uno de los mejores cabeceros del balón. La jugada en el primer palo, en la que el jugador golpea el balón con la parte superior de la cabeza, es una jugada contra la que es casi imposible defenderse. Sigue siendo una de las formas más habituales de marcar desde los córners.

Un cabezal de potencia atacante utiliza la misma técnica que el cabezal defensivo, aunque el atributo de altura se sustituye por el de dirección. Los jugadores buscan ponerse por encima de la pelota para dirigirla hacia abajo y usar los músculos del cuello para dirigirla.

Por último, los defensas a veces buscan cabecear el balón cuando no están bajo presión, por ejemplo, al cortar un pase cruzado. Lo ideal es que aquí se busque un pase de cabeza. Una vez más, la técnica básica es la misma que antes, con brazos anchos y piernas espaciadas formando una base sólida y equilibrada. El cuello se retuerce al contacto para dirigir la pelota.

Entrenamiento y Encabezamiento: No podemos dejar de insistir en los elementos de seguridad de cabecear la pelota. El impacto a largo plazo de cabecear el balón en los jugadores de fútbol no ha hecho más que empezar a entenderse. Jeff Astle, un delantero centro de los años sesenta y setenta que jugó en el West Bromwich Albion y en Inglaterra, es quizás el jugador de más alto nivel cuya muerte prematura está relacionada con el cabeceo del balón. El jugador murió prematuramente de demencia, que se cree que fue causada por golpes repetidos en la cabeza al cabecear el balón en los entrenamientos y los partidos.

Hasta que los equipos médicos entiendan mejor esta creciente preocupación, aconsejamos que los simulacros de cabezazos sean cortos y se limiten a no más de diez cabezazos en una sesión. La técnica debe ser desarrollada usando una pelota ligera. A los jugadores jóvenes se les debe dar aún menos tiempo para cabecear el balón, a menos que se utilice uno muy ligero, y los menores de diez años no deben cabecear el balón.

Dicho esto, se cree que tener una buena técnica es la clave para evitar el daño cerebral a largo plazo por la repetición de encabezados. Esa técnica sólo se puede desarrollar con práctica. Se trata de una situación en la que los jugadores tienen que practicar el cabeceo para evitar el daño causado por una mala técnica, pero evitar los cabeceos para evitar el daño que esto parece causar.

Lamentablemente, nosotros, junto con toda la comunidad científica en este momento, no tenemos ninguna respuesta que ofrecer para este dilema. Aparte de recordar que la seguridad siempre es lo primero.

Despejando: Al igual que con el rumbo, la altura y la distancia son las claves para despejar con los pies. Esta habilidad defensiva comparte muchas similitudes con otros deportes. Para obtener el máximo control sobre una pelota de tenis, el tiro debe ser golpeado con el punto ideal de la raqueta. Para obtener la mejor precisión con un tiro en el campo de oro, es esencial golpear la bola de forma suave y limpia.

La mejor oportunidad para lograr estos objetivos se produce cuando ofrecemos el área máxima de su herramienta de golpeo a la pelota. La cara más completa del palo de golf, a través de un buen swing, la mayor superficie de la raqueta de tenis, gracias al buen momento.

En el fútbol, nuestra herramienta de golpeo suele ser nuestro pie.

La pelota debe ser golpeada con el área máxima de este miembro como sea posible. Por definición, un despeje es bajo presión (si no lo fuera, el defensor simplemente pondría el balón bajo control y lo regatearía o lo pasaría). Por lo tanto, el riesgo de perder el balón es grande. Al utilizar la parte del pie con la mayor superficie de contacto con el balón, se minimiza el riesgo. Por lo tanto, la pelota debe ser golpeada con el empeine. Esto es cierto tanto si se trata de volear un despeje, como si se trata de golpear el balón desde el suelo.

Los jugadores deben practicar el uso de ambos pies. El pie más débil es "más fácil" de usar cuando se despeja en comparación de cuando se dispara, ya que la potencia y la precisión no son elementos cruciales en un espacio libre. Los brazos se colocan para mantener el equilibrio; el cuerpo se inclina ligeramente hacia atrás para generar altura y la pelota se golpea suavemente con un golpe de seguimiento. Los defensores no necesitan apuntar a la potencia en el despeje, si el balón se levanta, eso creará tiempo para que la defensa reorganice y repele el siguiente ataque.

Control y Distribución: Sin embargo, terminará las habilidades técnicas que un defensor debe buscar para practicar, enfatizando la importancia de usar ejercicios para mejorar el primer toque, correr con el balón y pasar. Esto es especialmente importante para que los instructores entrenen la mentalidad de los jugadores jóvenes. A menudo, los niños consideran que jugar de 'defensor' es simplemente quedarse atrás y patear el balón.

Para que se conviertan en buenos jugadores a medida que crecen, es vital que desarrollen las habilidades generales del jugador de fútbol.

Todo está en la mente

Antes mencionamos que a menudo el capitán de un equipo es el guardameta. Eso es cierto, pero aún más es un defensa. Consideremos a los capitanes de primera elección de los equipos de la Premier League en la reciente temporada 2016/17. Durante ese período, dos equipos tenían porteros como capitanes regulares, tres centrocampistas y dos delanteros. Un increíble trece, o el sesenta y cinco por ciento de los clubes, empleó a un defensor como capitán. De esos trece equipos, doce usaron una mitad central en el papel.

Esta posición de respaldo central requiere liderazgo, concentración y autoridad. Que son, por supuesto, características de un capitán también.

Un defensa central necesita ser capaz de leer el juego. El posicionamiento es una habilidad clave, al igual que la anticipación. Per Mertesacker fue el medio centro de la selección alemana ganadora de la Copa del Mundo en 2014. Se le conoce cariñosamente como el BFG (por el personaje del escritor Roald Dahl, el Gran Gigante Amistoso). Eso se debe a que, a pesar de sus seis pies y seis pulgadas de largo y desgarbado marco, Mertesacker hizo una carrera a partir de la lectura del juego. No era un jugador especialmente físico, y le faltaba ritmo. Pero lo compensó con creces sabiendo exactamente dónde posicionarse, cómo dirigir a sus compañeros de equipo y cómo anticiparse a lo que podría hacer un atacante contrario.

Un jugador no gana una copa del mundo sin un talento considerable y el BFG es una buena lección para cualquier defensor que sienta que no es lo suficientemente rápido o agresivo como para jugar en la parte de atrás.

Por supuesto, algunos jugadores entienden innatamente el flujo de un juego. Sin embargo, la mayoría de los jugadores que leen bien el juego también son expertos en entender el deporte. Observan el partido sin descanso, estudian los patrones de juego y aprenden los trucos y movimientos favoritos de sus oponentes.

El uso de la televisión y los videoclips ayuda a centrar las espaldas más que los jugadores que ocupan cualquier otra posición en el campo.

Pongámonos Físicos

Fabio Cannavaro, el gran defensa central italiano, sólo medía 1,65 metros en sus calcetines de fútbol. Puyol, el zaguero central del Barcelona, de apenas una pulgada más alto, mide 1,70 metros. Nathan Ake es una promesa en medio de la defensa de Bournemouth en la primera división inglesa y tiene la misma altura. La MLS fue ganada recientemente por el Galaxy de Los Ángeles, donde A J de la Garza era un titular habitual: sólo mide 1,75 metros. Markus Ballmert, un medio centro muy prometedor que juega en Alemania, sólo mide 1,70 metros de estatura.

Pero lo que estos dínamos de defensas de bolsillo comparten con sus pares más altos es una presencia física fenomenal. El entrenamiento con ejercicios de fuerza, trabajo cardio vascular y ejercicios aeróbicos es esencial para que una mitad central, a cualquier nivel, pueda competir en esta posición, que es la más desafiante desde el punto de vista físico.

Los siguientes detalles deben constituir los objetivos de un programa de entrenamiento físico para la mitad de un centro.

Fuerza en la parte inferior del cuerpo: Los medios centrales deben ser lo suficientemente fuertes como para ganar entradas y no ser empujados fuera de la pelota cuando se persigue hacia atrás.

Fuerza en la parte superior del cuerpo: A veces, los desafíos tienen lugar en el aire, o hombro con hombro. Las pesas y otros ejercicios de resistencia ayudan a desarrollar la fuerza de la parte superior del cuerpo para que los defensores puedan ganar estos duelos. Los entrenadores suelen decir que, para ganar un partido, el equipo debe ganar más de sus duelos individuales de lo que pierde.

Por lo tanto, podemos ver que un programa de entrenamiento de resistencia bien planificado y supervisado debería formar parte del régimen de un defensa central, quizás más que para cualquier otro jugador sobre el terreno de juego.

Agilidad: Muchos entrenadores y profesionales argumentarían que la agilidad es aún más valiosa que la velocidad pura (aunque ese es un atributo que sigue siendo importante). Mezcla esa agilidad con una gran comprensión del juego, y el perfecto centro de la espalda está casi ahí.

Por lo tanto, podemos ver que la rutina de entrenamiento para un defensor central debe contener un alto énfasis en los estiramientos. Yoga, Pilates y danza son excelentes actividades para complementar los elementos de entrenamiento basados en el fútbol.

Otra buena actividad de calentamiento que promueve la agilidad en un partido realista como la situación es correr hacia atrás. Aquí se colocan dos líneas de conos. Detrás de un set están los defensores, detrás de los otros están los atacantes. El defensor se pone en marcha un segundo antes que el delantero y se pone delante de él. Él o ella entonces corre hacia atrás, guiando al delantero mientras ellos corren hacia adelante.

A continuación, los jugadores intercambian sus papeles y vuelven a su lugar detrás del juego de conos adecuado.

Salto de pie: Las espaldas centrales deben desarrollar los músculos de las piernas para darles un buen resorte desde una posición de pie. Cuando se trata de cruces, tanto en el juego abierto como en las jugadas a balón parado, hay fundamentalmente tres maneras en las que un entrenador puede intentar organizar sus fuerzas defensivas. La marcación por el hombre es un método. Aquí, el defensor sigue a su oponente. El sistema funciona mientras el defensor no cometa un error o, más incluso, el delantero no encuentre espacio fuera de su atención.

El segundo sistema es el marcado por zonas. En este caso, los defensores se encargan de un sector del área penal. Básicamente, deben ganar cualquier pelota que se juegue en su zona. Las estadísticas sugieren que este es un sistema marginalmente más exitoso que el marcado por el hombre, aunque se cae cuando la pelota jugada es especialmente precisa. Dado que los delanteros están corriendo hacia la pelota, pueden obtener una altura extra en su salto, y también pueden aspirar a alcanzar la pelota en los espacios entre los marcadores de zona.

Debido a que ambos sistemas son falibles, muchos entrenadores ahora emplean una mezcla de los dos métodos. En este caso, el marcado por zonas se realiza en las principales zonas de peligro. Junto a esto, los mejores cabezazos atacantes del balón son los hombres marcados para negar su amenaza.

Como usted puede ver, cualquier defensor que opere zonalmente estará en gran parte inmóvil cuando el balón se juegue en el área. Por lo tanto, para igualar la altura que su oponente puede alcanzar, debe ser capaz de saltar alto desde una posición de pie.

La ciencia le dirá que alguien con un salto en carrera todavía tendrá mayor altura, pero si su oponente es capaz de saltar alto también, será suficiente para evitar un cabezazo limpio.

22 - Una buena comprensión de la teoría de la defensa posicional ayudará a un defensor a convertirse en un jugador más efectivo. No se trata de ganar sólo con ganar la pelota.

Encontrando a Nuestro Compañero de Vida

Los respaldos centrales trabajan en parejas. O tres. Un papel clave para el entrenador es encontrar jugadores defensivos cuyas personalidades y estilos de juego se complementen entre sí. Puede parecer perfecto tener dos defensas que quieran ganar el balón cada vez que se les acerque. Sin embargo, mientras que la agresividad es un atributo indudable de un buen mediocampista, si los jugadores son demasiado parecidos, es probable que surja una situación en la que ambos vayan a ganar el balón, y se cree espacio detrás de ellos.

Por lo tanto, un mejor escenario es emparejar a un gran y decidido ganador de la pelota con otro cuya tendencia natural es barrer y cubrir. Del mismo modo, si bien es importante que ambos jugadores sean competentes en el balón, siempre que uno tenga aptitud para crear situaciones de ataque, funciona bien si el otro es simplemente un buen pasador que puede entregar el balón con precisión y buen ritmo a un compañero de equipo. Su compañero de defensa central, el defensor o el centrocampista tumbado se dejará caer para recibir el pase y crear el impulso hacia adelante del equipo a partir de ahí.

Lo mismo ocurre con el ritmo. Esta es una parte increíblemente importante del juego de hoy, pero podría decirse que el buen entrenador busca emparejar a alguien con una velocidad considerable con un compañero de velocidad media. El jugador súper rápido sabrá entonces que es probable que tenga que recuperar una posición a veces durante el juego.

Sin embargo, el jugador más lento (si vale la pena su sal en el campo de fútbol) habrá aprendido a compensar la falta de aceleración a través del desarrollo de su lectura del juego. De esta manera, el entrenador habrá creado la perfecta asociación en sus defensas centrales de una habilidad para dominar posicionalmente, además de poder cubrir las ráfagas desde el mediocampo o el balón que se juega detrás de la defensa.

A continuación, llegamos a la comunicación en un emparejamiento central. Una vez más, la confianza para hablar e instruir es crucial en todos los jugadores, especialmente en los defensivos. Sin embargo, como con otros aspectos de la defensa, es mejor elegir una pareja donde un jugador es naturalmente más dominante. Este jugador es el que grita instrucciones a sus compañeros de equipo, el que tira de los jugadores con su esfuerzo es el que falta, cuya palabra es ley. El otro jugador será el más atento, que hablará en voz baja con un compañero de equipo después de que un ataque, afortunadamente, se haya roto o un error haya conducido a un gol.

Lo último que necesita un equipo es que dos mitades centrales dominantes se contradigan entre sí, causando caos en una situación tensa.

Como se puede ver, el trabajo del entrenador es mucho más desafiante que el de seleccionar a los dos mejores jugadores para formar una asociación de defensa.

24 - La mejor asociación defensiva no está necesariamente compuesta por los dos mejores jugadores individuales. Está hecho por los dos que se complementan entre sí es mejor.

Conciencia Táctica en Defensa

Ya hemos hablado sobre la forma en que el juego está cambiando para que se base más en la posesión, con todos los jugadores que necesitan estar cómodos con el balón en sus pies.

Muchos entrenadores modernos (con razón, diríamos) quieren que su defensa juegue el balón. Para pasar a lo largo del terreno de juego, y progresar subiendo el terreno de juego de manera constante, tal vez cambiando de juego (golpeando un pase a lo ancho del terreno de juego en uno o dos pasos) para estirar a sus oponentes.

Se defiende esto como una decisión táctica por parte del entrenador. Es más entretenido para los aficionados, más agradable para los jugadores y probablemente más efectivo que simplemente amontonar el balón y esperar.

Sin embargo, hay momentos en que la bola larga puede ser la mejor opción:

- Cuando el defensor en posesión teme perder el balón (aunque también necesita que se le brinde el apoyo necesario para desarrollar la confianza necesaria para asumir riesgos, esto ocurrirá más en los entrenamientos que en los partidos);
- Cuando la defensa contraria está desorganizada, y un pase rápido y largo puede causarles más dificultades que una acumulación constante;
- Cuando un delantero veloz tiene la ventaja en velocidad sobre la defensa, y un balón largo detrás de las espaldas completas lo aprovecha al máximo. Cuando el Leicester City sorprendió al mundo al ganar la Premier League en Inglaterra en 2015/16, una de sus mejores tácticas fue un balón largo detrás de la defensa rival. El delantero del Leicester, Jamie Vardy, superó en velocidad a su defensa central para llegar primero al balón largo.

El Defensor de Ataque - Respaldos Completos, Respaldos de Ala y Volando hacia Adelante

¿Recuerda los días en que los equipos sacaban a dos wingers? Jugadores cuyo trabajo consistía en poner a la multitud de pie mientras corrían por la línea de banda antes de golpear el balón para que el delantero central se levantara con gracia, como si fuera una fuente que estallara desde el Lago Lemán, para cabecear el balón a casa.

Hay una triste ironía: a medida que los terrenos de juego de todos los niveles han mejorado en calidad, lo que hace que el dominio de balón sea una propuesta mucho más atractiva para un futbolista, el extremo tradicional ha empezado a desaparecer de la hoja de servicios del equipo. De hecho, no es raro que un entrenador envíe a su equipo sin laterales, y es muy raro que un equipo cuente con dos de estos veloces.

El Manchester City empieza de vez en cuando con Raheem Sterling y Leroy Sane, pero esto es cada vez más raro, ya que normalmente se introduce el segundo extremo si el City persigue un resultado. Incluso cuando los dos juegan en tándem, la libra esterlina suele desplegarse más como un gran número 10 que como un extremo.

Pero la anchura es crucial para que un equipo pueda atacar con éxito. Sin ancho, el centro del parque se llena de jugadores y no hay espacio para pasar. El sueño de una defensa es enfrentarse a un equipo que sigue siendo estrecho en posesión de la pelota. Y así el juego se ha desarrollado, como siempre. La parte trasera del ala ha resurgido.

Jordi Alba es un gran ejemplo de este tipo de jugador. Considerado demasiado pequeño (1,75 metros) para jugar como defensor fuera de casa, Alba revoloteó en los márgenes del equipo juvenil del Barcelona como extremo. Pero parecía que su pequeña estructura significaría que no se desarrollaría una carrera de alto nivel.

Luego, al trasladarse al Valencia de Unai Emery, el seleccionador español lo cambió a la posición de lateral. En este caso, sus trucos, desde su profundo aliado hasta la velocidad en defensa y en ataque, lo convirtieron en una seria amenaza para las defensas rivales y en una verdadera ventaja cuando su propio equipo estaba bajo presión, especialmente en el descanso.

Tener un marcador tan veloz en un back four o five significaba que la defensa raramente sería superada en ritmo. Muy pronto, Alba volvió a la lista de deseos de Barcelona, y regresó siete años después de que lo dejaran marchar por primera vez.

Los laterales necesitan ser bendecidos con ciertos atributos. Algunos de ellos se pueden desarrollar a través del entrenamiento, otros son cualidades físicas, lo que significa que no todo el mundo es apto para este puesto.

La velocidad es esencial. Un lateral debe tener una ráfaga de aceleración que le permita superar a su propio defensor. Como también son principalmente defensivos, deben ser capaces de recuperar su propia posición durante la transición cuando han sido atrapados lejos del terreno de juego.

Un buen conjunto de pulmones también es crucial, y esta capacidad aeróbica se puede desarrollar con un entrenamiento de resistencia adecuado. Los laterales son jugadores que corren más que la mayoría de sus compañeros durante un partido. Pero lo que marca su necesidad de una condición física extrema es que también pasarán mucho de ese movimiento en las carreras de velocidad.

Un centro de gravedad bajo es útil. No sólo necesitarán la agilidad para girar y girar contra sus oponentes, sino también para responder a los laterales complicados cuando estén cumpliendo con sus deberes defensivos.

Aliado a estos atributos físicos, un lateral necesita la astucia de un extremo. Las habilidades que proveen esto pueden ser trabajadas en la capacitación. El manejo de balón con ambas piernas, el paso por encima, la capacidad de acelerar rápidamente: estas son las habilidades de la nueva generación de los laterales. Finalmente, una buena habilidad para cruzar es una habilidad que se debe tener. No tiene mucho sentido haber llegado a una excelente posición amplia si el pase resultante es desviado.

Para los que tienen la constitución física y la determinación de jugar en la posición, ser un lateral hacia atrás es un papel realmente satisfactorio sobre el terreno de juego. Por supuesto, una de las líneas genéticas de la espalda de un lateral es una historia de habilidades de espalda completa. Sin embargo, al añadir el dinamismo ofensivo a estos atributos defensivos, el jugador se vuelve aún más útil a un equipo... y termina con un papel más agradable que desempeñar.

Consejo principal para llevar 25 - Incluso los atacantes con mentalidad de ataque deberían trabajar en sus habilidades defensivas, porque un día se les puede pedir que jueguen como retaguardia.

Lidiando con un Mago Lateral - Mirando la pelota, no los pies

Es cierto que los lectores de este libro, tristemente, no se encontrarán con un Ronaldo, o Lionel Messi o Eden Hazard en su mejor momento. Estos magníficos goleadores cautivan incluso a los mejores defensas. Pero todo es relativo. Sea cual sea el nivel en el que usted juegue o entrene, se encontrará con jugadores que tienen, para ese nivel, un gran talento.

¿Cómo defenderse de ellos sin acabar de espaldas, con el extremo que se dirige a atacar la portería detrás de nosotros?

Hay una serie de trucos y tácticas que los defensores utilizan para aumentar sus posibilidades de ganar el balón. El objetivo número uno es acosar al oponente para ralentizarlo hasta que llegue el apoyo. Luego, con el respaldo detrás, puede hacer un esfuerzo para ganar el balón".

El Harrying consiste en dar marcha atrás al delantero, dándole suficiente espacio para que se le dificulte golpear el balón y le dé un pase. Permanecer de pie, usar los brazos para mantener el equilibrio, dar más espacio al pie más débil del jugador, mantenerse ligeramente alerta y mantener un centro de gravedad bajo para permitir un rápido cambio de dirección son habilidades clave para practicar en los entrenamientos.

En una carrera a pie recto, un delantero suele superar a un defensor; esa es la naturaleza de las dos posiciones. Sin embargo, el entrenamiento de velocidad y el trabajo en la parte inferior del cuerpo pueden ayudar a un defensor a desarrollar la aceleración explosiva que detiene al delantero que pasa por encima de ellos. Para vencer a un jugador, el atacante debe golpear el balón más allá del defensor, y es en este momento cuando la aceleración rápida detendrá la ofensa y ganará el balón.

Sin embargo, además de todos estos movimientos defensivos, lo más importante de todo es que el jugador defensivo **mantenga la vista en la pelota**. Un adversario complicado usará pasos por encima, insinuaciones con los ojos y los hombros para tratar de mover al defensor en un sentido mientras el balón se desplaza en el otro. El elemento clave para ver es la pelota. Cualquier movimiento que haga el delantero es irrelevante hasta que intente coger el balón y vencer a la defensa.

26 - La paciencia es importante para un defensor; comprometerse a abordar la pelota demasiado pronto puede tener consecuencias catastróficas. Mantenga la vista en la pelota todo el tiempo.

27 - El papel de un jugador en la defensa está evolucionando. Cada vez más, se espera que estos jugadores sean creativos y no simplemente destructivos. Esto es algo bueno. El fútbol es un juego de belleza, no de devastación. Sin embargo, los defensores no deben perder de vista su papel principal, que es impedir que un equipo contrario cree la oportunidad de marcar. Los ejercicios defensivos y los entrenamientos siguen siendo importantes incluso en un juego cada vez más ofensivo.

Aptitud Física

Los equipos exitosos marcan los goles más tardíos. (También son los que marcan más goles en otros periodos del partido, por lo que son los más exitosos). Pero esto es significativamente así en los últimos diez minutos.) Hay una buena razón para ello. Pep Guardiola, Sir Alex Ferguson, Arsene Wenger y otros grandes entrenadores insisten en que sus equipos estén lo más en forma posible.

En 1999, el Manchester United perseguía un triplete improbable de Liga, Copa de la FA y Liga de Campeones. Parecía que el último de ellos iba a pasar por encima de ellos cuando se dirigían al Bayern de Múnich al final del tiempo reglamentario. Pero dos goles en el tiempo añadido le dan la vuelta a la tortilla. ¿Suerte? No, físico. Un buen físico cuenta aún más al final de un partido.

En el momento del saque de salida, ambos equipos están deseosos de irse, y la diferencia de forma física entre ellos será pequeña. Para el final del juego, esa diferencia será mucho mayor, hasta un punto en el que se gane el partido.

La aptitud física conduce a la aptitud mental. Reduce las posibilidades de lesiones. Aún más importante, promueve una vida más larga, mayor energía y la liberación de endorfinas después del ejercicio da una sensación de bienestar y satisfacción que es adictiva.

De hecho, los beneficios del ejercicio físico son tan considerables que es difícil entender por qué toda la población no hace ejercicio regularmente. Por supuesto, no es tan fácil como eso. Algunas personas encuentran que el ejercicio es divertido, otras no. Crear tiempo para mantenerse en forma en un horario ocupado es otro desafío que impide que algunas personas salgan al aire libre o vayan al gimnasio.

Sin embargo, como aficionados al fútbol, jugadores y entrenadores, lo más probable es que la condición física sea algo importante para nosotros. Como resultado, reduce su riesgo de enfermedad cardíaca y diabetes; sus huesos y músculos serán más fuertes y durarán más tiempo.

Cuando usted hace ejercicio, reduce el riesgo de problemas de salud mental y mantiene su peso bajo control. De hecho, considere lo siguiente y compártalo evangélicamente con sus compañeros, amigos y familiares.... Los ejercicios

- Reducirán la mitad del riesgo de contraer diabetes tipo 2;
- Reducirán el riesgo de cáncer de colon en la misma proporción;
- Reducirán el riesgo de enfermedades cardíacas en más de un tercio;
- Reducirá el riesgo de contraer cáncer de mama en un quinto;
- Reducirá el riesgo de sufrir depresión en un tercio;
- Reducirá en un tercio el riesgo de caídas entre los ancianos;
- Reducirá el riesgo de demencia en un tercio;

- Reducirá el riesgo de fractura de cadera entre los ancianos en casi un 70%;
- Reducirá en un tercio el riesgo de muerte prematura;
- Promueve una sensación general de bienestar;
- Mejorará el estado de ánimo;
- Lo convertirá en un mejor futbolista que disfrutará más del juego.

La fuente de estos hechos es muy fiable: el Servicio Nacional Británico de Salud. (Aparte, es decir, de la prestación final enumerada, aunque, sin duda, el NHS también estaría de acuerdo con ello).

Específicamente para los jugadores de fútbol, algunas actividades ofrecen beneficios particulares.

Correr para estar en forma para el fútbol

Todo futbolista, entrenador o aficionado que desee mantener su nivel de forma física a un alto nivel puede disponer de treinta o cuarenta minutos al día para hacer una buena carrera de unas tres millas. Para el entrenamiento específico de fútbol, los siguientes puntos lo ayudarán a desarrollar la resistencia apropiada para el juego.

- Encontrar una ruta que incluya pendientes- el trabajo en pendientes ascendentes realmente lo ayudará a desarrollar su capacidad aeróbica;

- Alrededor de dos tercios de la carrera, busque una colina empinada y úsela para hacer un de trabajo de sprint. Corra treinta metros por la colina, luego dé la vuelta y vuelva a trotar. Descanse durante treinta segundos y luego repita. Intente hacer cinco sprints antes de terminar el trote.

Por supuesto, para aquellos que lo prefieren, una cinta de correr se puede utilizar para generar las mismas condiciones ambientales. Para algunos que realmente disfrutan de sus ejercicios, y pueden pagar las cuotas del gimnasio, esta es una buena manera de hacer ejercicio. Sin embargo, para la mayoría de las personas que encuentran el elemento de trotar en el entrenamiento físico un poco tedioso, correr al aire libre es más satisfactorio.

Desarrollo de la velocidad y la aceleración

Aquí hay un ejercicio simple que puede ser usado para ayudar a desarrollar habilidades de sprint. Repetir el ejercicio tres veces por semana ayudará a aumentar la velocidad desde un comienzo y la aceleración desde una posición de trote. Los reflejos también mejorarán a medida que sus músculos sean entrenados para reaccionar.

El ejercicio es sencillo, pero la seguridad es muy importante. El ejercicio implica una caída, y ésta debe ser de un objeto sólido y seguro, como barras de pared en un gimnasio. Para evitar la tensión y el daño de los ligamentos de la rodilla, lo mejor es utilizar un suelo que ceda ligeramente. Debido a que este ejercicio implica trabajar los músculos de las piernas con fuerza y algo de trabajo de impacto, es importante asegurarse de calentar antes de participar en el ejercicio.

Desde una altura de aproximadamente un metro, salte con cuidado al suelo. Al aterrizar, déjese caer suavemente en una posición en cuclillas y luego enderécese suavemente. Repita cinco veces.

Un jugador de fútbol cuida su cuerpo

Su cuerpo es un templo. Bueno, eso es un poco un cliché, una frase usada en exceso que garantiza una sonrisa sarcástica. Pero hay algo de verdad detrás de ello. Si no se encuentra en buena forma física, no podrá rendir al máximo en el campo si su cuerpo no está en perfecto estado.

Usted verá la dieta más adelante, pero hay un par de hacks muy simples que todo el mundo puede seguir para ayudar a su cuerpo a mantenerse en óptimas condiciones. De hecho, estos dos "ejercicios" son los que todo el mundo debería seguir, ya sean jugadores de fútbol o no. Estos son el sueño y el descanso.

Dormir

Sleep Foundation da una explicación clara de lo que les sucede a nuestros cuerpos cuando dormimos. Durante aproximadamente tres cuartas partes de la noche dormimos en la etapa NREM (etapa de movimiento ocular no rápido). Esto dura un ciclo de alrededor de noventa minutos, e incluye la hora más importante del sueño. Durante esto, el suministro de sangre a los músculos aumenta, lo que permite que se produzca el crecimiento y la reparación de los tejidos. Está claro por qué es importante para un deportista.

Su nivel de energía se restaura durante esta parte del proceso del sueño y se liberan hormonas que ayudan al desarrollo muscular.

Durante aproximadamente un cuarto de la noche, de nuevo operando en un ciclo de noventa minutos, dormimos en la etapa REM (movimiento ocular rápido). Es durante esta parte del sueño que usted sueña, porque su cerebro está activo y se genera energía tanto para el cerebro como para el cuerpo. Este es el punto en el que se repone los recursos necesarios para el rendimiento del día siguiente; el papel esencial del sueño antes de un partido está claro.

A algunas personas les resulta difícil dormir. Como dijo Shakespeare en Macbeth, es "el sueño el que teje la manga revuelta del cuidado" que es "el bálsamo de la naturaleza". A veces, para las personas que sufren de insomnio, se necesita asesoramiento médico adecuado. Sin embargo, los siguientes consejos pueden ayudar a lograr una buena noche de sueño.

- Evite la estimulación visual una hora antes de dormir, por ejemplo, apagando el teléfono;
  - Evite el alcohol, que causa alteración del sueño;
  - No coma demasiado tarde en el día;
  - Mantenga fresca la habitación en la que duerme;

- Evite las bebidas con cafeína después del almuerzo;
- Las aplicaciones de ruido blanco, la lectura (de un libro, en lugar de la pantalla) y escuchar música tranquila también pueden ayudar a algunas personas a dormir.

Juzgar la cantidad de sueño que un individuo necesita no es una ciencia exacta, sin embargo, como regla general, las siguientes pautas muestran que la mayoría de las personas no obtienen todo el sueño que necesitan. Los niños y niñas de un equipo de menos de 10 años deberían estar recibiendo de diez a doce horas por noche. Los adolescentes requieren aproximadamente nueve horas y los adultos deben tener entre siete y nueve horas.

Descanso

Parece irónico que en una sección que destaca la importancia de la actividad física para promover el buen estado físico, debamos enfatizar la importancia del descanso, pero aun así es importante evitar la fatiga del exceso de ejercicio. Incluso a nivel profesional, usted puede ver que los jugadores se cansan física y mentalmente si actúan con demasiada frecuencia.

Por eso es aconsejable organizar un programa personal de entrenamiento físico con un profesional -quizás el experto en acondicionamiento físico de nuestro club, o quizás un entrenador personal del gimnasio- para maximizar los beneficios de la actividad física sin arriesgarse a sufrir lesiones o a obtener un rendimiento deficiente al realizarla en exceso.

Dieta

Como se señaló antes, Brian Clough fue uno de los grandes entrenadores de la historia del fútbol. Tras su paso por el Hartlepool United, mencionado anteriormente, dirigió a dos equipos anticuados: el Derby Cunty y el Nottingham Forest, y los llevó a ambos al título nacional.

Llevó al pequeño Derby County al campeonato de liga a principios de 1970 y a las semifinales de la Copa de Europa antes de ser derrotado en las dos piernas por algunos de los árbitros más dudosos de todos los tiempos contra el gigante italiano Juventus. Luego, el aún más pequeño club de Midlands, Nottingham Forest, fue conducido a la conquista de varios trofeos nacionales por el brusco Geordie (nació en la dura ciudad de Middlesbrough, al noreste del país). Clough también consiguió dos Copas de Europa para el equipo, que alcanzó su apogeo a finales de los años setenta y principios de los ochenta. Pero ¿cuánto más podría haber logrado si Cloughie (como se le conocía cariñosamente) hubiera tenido más que un conocimiento rudimentario de la dieta? El agua había sido la forma de rehidratarse, en lugar de la cerveza. El pollo y la pasta reemplazaron al pescado grasiento y las papas fritas.

Los nutricionistas de hoy soportarán pesadillas pensando que los deportistas profesionales deben poner en su cuerpo alimentos como los que Cloughie compró para sus jugadores. La idea de que sólo los equipos de las ligas inferiores tenían esta idea de la dieta tampoco se sostiene (al igual que los jugadores). Hasta la década de los 90, era habitual que los futbolistas ingleses celebraran las victorias o lamentaran las derrotas con una abundante cena de pescado y patatas fritas, a menudo bañada con pintas de cerveza británica tibia.

De hecho, no era inusual que hubiera una cultura de consumo excesivo de alcohol en los clubes. Dos de los equipos más grandes del mundo, el Arsenal y el Manchester United, sufrieron de esto a finales de la década de 1980. De hecho, fue una mezcla de los ideales visionarios de Arsène Wenger combinados con una creciente afluencia de jugadores europeos que trataban a sus cuerpos con más respeto lo que llevó a un enfoque más profesional cuando se trata de dieta. De hecho, el ex entrenador del Arsenal, Mónaco y Grampus Eight dijo una vez: "La comida es como el queroseno. "Si pones el equivocado en tu auto, no es tan rápido como debería ser".

Por supuesto, no somos profesionales. Su vida no puede ser controladas por lo que deba comer para prepararse mejor para su salida de fin de semana al campo de fútbol. Sin embargo, puede seguir algunas reglas sencillas que lo ayudarán a mantener su cuerpo en buenas condiciones, mejor aún para mantener la resistencia física y mental durante el fin de semana.

El setenta por ciento de la dieta de cualquier atleta debe ser de carbohidratos. Esto es mucho más de lo que la mayoría de la gente come. Un deportista activo, entrenando duro un par de veces por semana y con trabajo ligero, como trotar, en otros días que no son de partido, debe aspirar a consumir entre 2.400 y 3.200 calorías por día. Esto es mucho más de lo que la mayoría de los jugadores aceptan. El resultado es que el rendimiento se reduce rápidamente porque el cuerpo se queda sin combustible para accionar los músculos.

Lo mejor es llevar el combustible a bordo a través de refrigerios frecuentes pero pequeños, en lugar de tres comidas grandes. También es muy importante reponer los carbohidratos después del ejercicio o de los partidos.

Los mejores alimentos para un jugador de fútbol incluyen arroz, pan, pasta, cereales, frutas y verduras. Los productos lácteos con moderación proporcionan valiosas vitaminas y minerales. Las semillas, los guisantes y los frijoles proporcionan la fibra esencial. Las proteínas de los jugadores de fútbol se obtienen mejor de alimentos como la leche, los huevos, el pescado, el yogur y el pollo, mientras que los alimentos cocinados en aceite de girasol o de oliva proporcionan suficientes niveles de grasas insaturadas. El salmón y las nueces también son buenas fuentes de este tipo de alimentos.

Todos los atletas deben mantenerse bien hidratados, consumiendo mucha agua.

Los bocadillos de plátanos, barras de muesli, batidos y frutas son buenos, al igual que (tal vez sorprendentemente) los bagels y las galletas.

El doctor Héctor Uso ha trabajado con el exitoso club Villareal de la Liga Española, y recomienda lo siguiente como una buena dieta para consumir antes y después de un partido. Aquí están sus consejos:

- La última comida antes de un partido debe ser a base de carbohidratos (para una energía duradera) con sólo un poco de proteína. Demasiadas proteínas pueden causar problemas digestivos.
- El arroz o la pasta son las mejores fuentes de ese carbohidrato, y una pequeña cantidad de pescado con verduras complementa esto bien.
- Es mejor dejar por lo menos tres horas entre comer y jugar.
- Después del juego es importante comer dentro de los treinta minutos de haber jugado. Esto se debe a que los músculos han agotado su suministro de energía y necesitan una explosión de glucosa y carbohidratos. La pasta o el arroz son una vez más las mejores fuentes para este reabastecimiento.
- Al igual que antes del partido, la comida después del partido también debe incluir algo de proteína para ayudar a prevenir problemas musculares más tarde. El atún, el pollo, el pavo o los huevos son una fuente ideal de esta proteína.
- El agua es una bebida excelente, pero una solución electrolítica como Gatorade o Lucozade es aún mejor, ya que contiene minerales y azúcares que el cuerpo utiliza durante el ejercicio intenso.

• Se debe tomar líquido a bordo antes, después y durante los partidos y las sesiones de entrenamiento. Esto ayuda a evitar los calambres causados por la deshidratación y el cansancio excesivo (físico y mental). Sin embargo, poco y a menudo es la regla de oro con los líquidos. Beber demasiado lleva a problemas estomacales y a una sensación de hinchazón.

Cuida nuestro cuerpo controlando lo que ponemos en él y nos volvemos más sanos, en forma y mentalmente más robustos. Y como indican los párrafos anteriores, mantener una dieta saludable no tiene por qué ser caro ni especialmente complicado. El sentido común y un poco de cuidado son suficientes para asegurar que nuestra dieta ayude a nuestras aspiraciones deportivas.

28 - La importancia del ejercicio - para el fútbol y la vida - no puede ser exagerada. Sin embargo, no es la manera favorita de todos de pasar una hora. Hacer ejercicio con una pareja, de forma competitiva o al aire libre ayuda a hacerla más sabrosa.

29 - Los jugadores de fútbol aficionado pueden mantener una buena dieta sin tener que dedicar sus vidas a lograrla. Comer y beber con sensatez, con moderación y comer una variedad de alimentos logrará sus objetivos.

Todo está en la mente

Pensemos en los grandes de la historia del fútbol. A finales de la década de 1990 y principios de la de 2000, muchos argumentaban que el mejor jugador del mundo era el mágico francés Zinedine Zidane. Desgraciadamente, Zidane no es recordado por su asombroso talento natural, ni por su compromiso con la selección francesa, con la que ganó la Copa del Mundo en 1998. Ni por las 108 convocatorias que ganó en representación de su país, ni por la brillante carrera que disfrutó con el Real Madrid como jugador y, más tarde, como entrenador.

Es ese cabezazo en la final de la Copa 2006 el que, triste y erróneamente, más define a este asombroso exjugador. Era el último partido de Zidane, que había anunciado su retirada antes de la competición. Pocos esperaban que a Francia le fuera particularmente bien. Su magnífico equipo de la última parte del milenio anterior se estaba desintegrando, y su paso a la final sorprendió a muchos.

Una vez allí, tomaron la delantera contra un equipo italiano endurecido y cínico, con un penalti que el propio maestro Zidane marcó con indiferencia. Sin embargo, Italia fabricó un empate y el partido se prolongó hasta la prórroga.

Marco Materazzi fue un duro lateral central de ataque, conocido por su temperamento provocador que lo llevó a recibir nada menos que veinticinco tarjetas rojas durante una carrera de juego que abarcó diez equipos y cuarenta y un partidos internacionales. En la final se esperaba que estuviera de buen humor. Fue él quien marcó el gol del empate el que llevó la final a la prórroga. Más tarde, volvió a marcar en la tanda de penales, en la que el trofeo se dirigió a Italia.

El vídeo muestra al defensa italiano agarrando a Zidane por el pecho con el balón a la vista. El ataque se rompe y los dos jugadores se separan con palabras intercambiadas entre ellos. Entonces, Zidane se da la vuelta y da un cabezazo a Materazzi por la fuerza en el pecho. No lo suficiente para provocar la respuesta del defensor. Al ver venir el cabezazo, se lanza hacia atrás, agarrándose el pecho como si le hubieran disparado a corta distancia con una pistola de doble cañón. (Materazzi pronto se recuperó una vez que Zidane recibió la tarjeta roja.)

Más tarde, se hizo evidente lo que se dijo: los de Materazzi eran racistas, insultantes, ofensivos e innecesarios. Sin embargo, el fútbol mundial, a través de los inciertos auspicios de la FIFA, tolera el racismo de una manera que es imposible de contemplar en el mundo de la educación, incluso en la escoria de la segunda década del siglo ^{XXI}; en 2006 apenas se consideraba un delito, lo que constituye una acusación atroz contra el liderazgo del fútbol.

Aparentemente, Zidane le había dicho irónicamente a Materazzi mientras se separaban: Si tanto quieres mi camisa, te la daré después del partido". A lo que el defensor respondió, admitiendo que preferiría a su hermana. De hecho, Zidane afirmó que el defensa también insultó a su madre, y ciertamente parece que al ver las imágenes dijo algo más que estas palabras. Sin embargo, lo que admitió fue suficientemente malo. Nadie quiere que describan a su hermana como una "fulana"; para un musulmán como Zidane la frase es aún más ofensiva. Incluso Materazzi admitió más tarde que quizás había ido demasiado lejos. No es algo particularmente agradable de decir, lo reconozco", dijo, aunque calificó la admisión de la culpa añadiendo: "Pero muchos jugadores dicen cosas peores". ¡Entonces está bien!

Es difícil estar seguro de si el árbitro escuchó los comentarios sobre Zidane, y si, de haberlo hecho, habría hecho alguna diferencia. En realidad, Zidane cometió una conducta violenta y, como tal, se merecía una tarjeta roja. La mirada culpable y preocupada de su rostro contó tanto como se dio cuenta de que su actuación final en el juego de piezas de espectáculo del fútbol mundial iba a terminar prematuramente. Más tarde, Materazzi fue sancionado con dos expulsiones, pero para entonces ya había desempeñado un papel importante en ayudar a Italia a ganar el trofeo. Sin duda, se merecía una tarjeta roja más que Zidane, pero se salió con la suya.

El punto de esta historia es que, justificadamente o no, Zidane permitió que su disciplina mental fracasara, y esto impactó potencialmente en el destino de la Copa Mundial, y en la reputación que se ganó tras una brillante carrera que merecía mucho más.

Cuando pierde el control en su juego aficionado, o comete un error mental que lo lleva a recibir un gol, su fracaso es algo menos público que el de Zidane. Sin embargo, evitar tal situación es un objetivo al que todo futbolista se adhiere.

Antes de examinar algunos de los trucos que puede usar para desarrollar la fuerza mental, trataremos de poner este término un tanto nebuloso en una idea más sólida, definiendo exactamente lo que queremos decir con "dureza mental".

Los Diferentes Aspectos de la Resistencia Mental

Puede dividir el concepto de dureza mental en las siguientes partes constituyentes. Cada una es una característica que tratamos de inculcar en nosotros mismos, o en nuestros equipos, sin quitarnos la diversión de jugar. La competitividad es importante, pero por cada ganador debe haber un perdedor en el fútbol. A veces, la voluntad de ganar a toda costa quita ese placer que todo el mundo debería sacar del juego, y deja de ser un deporte agradable. En cambio, se convierte en un semillero de presión en el que ganar es un requisito que no da satisfacción, y la derrota es una catástrofe que se filtra en otras partes de su vida. La perspectiva lo es todo.

He aquí una definición detallada de lo que se entiende por 'fortaleza mental':

- *Un deseo de tener éxito* - Nota, la palabra es 'deseo' no 'necesidad'. Satisfacer un deseo es placentero; satisfacer una necesidad simplemente sostiene la vida.

- *Un compromiso con el entrenamiento* - La mayoría de los jugadores darán lo mejor de sí mismos en un partido, porque la competición es la razón principal por la que elige el fútbol como su placer en lugar de, por ejemplo, correr sin parar en una cinta de correr. Ese compromiso es más difícil de mantener en una sesión de entrenamiento, cuando el objetivo final es un paso alejado del dolor que sufre mientras empuja su cuerpo al límite.

- *Orientación hacia las tareas* - Este es un elemento más técnico de la fuerza mental. Las metas son más fáciles de alcanzar cuando son cortas y específicas. Tener un "buen juego" es un objetivo vago compartido por todos los jugadores que juegan al fútbol, o a cualquier deporte de competición. Sin embargo, es difícil definir una afirmación tan vaga. ¿Tener un buen juego significa marcar un gol? Si es así, ¿qué pasa si el equipo sigue perdiendo? ¿O marca uno, pero pierde cinco oportunidades fáciles? Los objetivos cortos y definibles lo ayudaran a orientar su mente hacia el logro de pasos sencillos. Voy a perseguir al guardameta, aunque sólo tengo un diez por ciento de posibilidades de ganar el balón"; `Me concentraré en no perder a mi hombre en la defensa de un córner'". Son el tipo de goles cortos y sencillos que, combinados a lo largo de los noventa minutos de un partido, le permiten lograr ese nebuloso concepto de una buena actuación.

- *Atención al detalle* - La concentración a lo largo de un juego es un elemento importante para mantener la fuerza mental. Si usted es descuidado con un simple pase, puede tomar el ritmo de un ataque; si pierde la concentración mientras defiende un saque de esquina, su hombre puede encontrar espacio y anotar contra usted. Mantener la fuerza mental para tener éxito durante el juego es tan agotador como mantenerse físicamente en movimiento durante los noventa minutos.

- *Bouncing Back* - Una parte muy importante de ser mentalmente fuerte aquí. Inevitablemente, durante un partido, las cosas irán mal. El fútbol es un juego de equipo con muchas partes constituyentes. Lo único que puede controlar es a usted mismo. Por lo tanto, los goles serán concedidos, los árbitros tomarán malas decisiones, y se encargará de los tiempos equivocados. La capacidad de aceptar la adversidad como algo inevitable, pero también como algo que puede superar, es fundamental para su fuerza mental.

- *Coherencia* - Este es un tema que ya se tocó. Esa capacidad de rendir bien a lo largo de un partido y repetir ese nivel de rendimiento en futuros partidos es algo que lo distingue como un jugador fuerte.

- *Confianza* - En relación con la capacidad de recuperación, usted debe creer en sí mismo. Si no cree que pueda hacer ese pase, entonces nunca lo intentará y el equipo sufrirá como resultado. Si no cree que pueda recuperarse para hacer un tackle, entonces su oponente marcará, aunque tropiece, pierda el control y le hubiera dado la oportunidad de interceptarlo si hubiese creído en sí mismo.

- *Motivación* - Si no tiene el deseo (¡pero no la necesidad!) de ganar, de tener placer en el juego, de dar lo mejor de sí mismo, entonces no tiene sentido jugar, y debería buscar otras formas de llenar su tiempo o mantener su condición física.
- *Flexibilidad* - Esto suele ser un reto a la hora de entrenar a los jugadores jóvenes. La mayoría piensa que es un delantero central, un número 10 o un extremo. Como jugadores jóvenes, deben probar muchas posiciones y aprender los retos y oportunidades que cada uno presenta. Si su mentalidad se basa en la idea de que "eso representa una oportunidad para aprender una nueva forma de jugar" en lugar de "no estoy jugando a fondo porque soy centrocampista defensivo...", entonces ambos mejorarán como jugadores y ayudará al equipo. También hacer que el papel del entrenador sea más fácil de desempeñar...lo que lo puede ayudar mucho más adelante".
- *Liderazgo* - No todos los jugadores pueden ser capitanes, pero eso no impide que todos los jugadores demuestren liderazgo. Además, la naturaleza del liderazgo cambia con el tiempo. Hace treinta años, el capitán del equipo de fútbol era un individuo temible, que dirigía porque todo el mundo tenía miedo de hacer otra cosa que no fuera seguirlos. Hoy en día, el liderazgo es más sutil. Se trata de sacar lo mejor de cada jugador. Algunos responden a una buena y anticuada "burla"; otros necesitan aliento, o un brazo alrededor del hombro. Los mejores líderes ganan respeto respetando a sus compañeros de equipo y, por lo tanto, tienen más probabilidades de ser seguidos cuando las cosas se ponen difíciles.

- *Organización* - Podríamos pensar que olvidarse de las botas o aparecer en el momento equivocado es la marca de un jugador desorganizado menor de doce años. Sin embargo, la mayoría de nosotros podremos reconocer estos rasgos tanto en los adultos como en los niños. A algunas personas les resulta difícil organizarse. Con respecto a las cosas simples, como tener el equipo adecuado, o llegar a la hora correcta para un partido, entonces una lista publicada en la puerta principal puede proporcionar un excelente recordatorio de ayuda para aquellos que lo necesitan. También funciona una caja que se guarda junto a la puerta y que contiene todo lo necesario para el día. (¡Puede ser para la mochila de fútbol el fin de semana, y los libros de trabajo durante la semana!) Sin embargo, ser organizado es algo más que aparecer con dos calcetines iguales. La organización es necesaria en el terreno de juego. Las mismas personas que se esfuerzan por recordar su equipo son las que tienen más probabilidades de tener dificultades para mantener su disciplina posicional cuando se pierde la posesión. Reconocer esto puede ayudar tanto al entrenador como al jugador. Entender que ser organizado es un reto personal hace que sea mucho más probable superarlo.
- *Tranquilidad* -'El hielo corre por sus venas...' o 'su nervio nunca flaquea...' anuncia el comentarista infectado por el cliché. De hecho, algunas personas parecen estar tranquilas bajo presión. Un poco de adrenalina aumenta el rendimiento y maximiza la eficacia de los músculos. Enfoque la mente y acelere las reacciones. Demasiado, y el cansancio desciende, las reacciones son lentas y la confianza se

desvanece. Después de todo, la adrenalina es la sustancia química que su cerebro bombea a través de su cuerpo cuando se enfrenta al escenario de "pelear o escapar". Algunas personas son naturalmente frías bajo presión. Para la mayoría de nosotros, sin embargo, podemos realizar ejercicios de respiración y técnicas de visualización para ayudarnos a controlarnos en situaciones de alta presión.

- *Resistencia - La* última y más importante. Los jugadores que desarrollan resiliencia en el deporte transfieren ese atributo vital a la vida diaria. Esta es una de las muchas maneras en que el deporte nos ayuda en nuestra vida diaria. Sin embargo, la resiliencia tarda muchos años en desarrollarse, y para aquellos que no la tienen no hay una solución rápida. Confianza y creencia en uno mismo; sentido de la perspectiva (jugar un mal pase de espalda que nos lleva a recibir un gol realmente no es el fin del mundo, por muy malo que parezca en ese momento) y una mentalidad que ve cada retroceso como una oportunidad para un nuevo crecimiento en primavera. Estas son las condiciones mentales que están detrás de la resiliencia. Pero la falta de resiliencia se debe a muchos acontecimientos, ninguno de los cuales puede estar relacionado con el deporte. Catástrofes infantiles, duelos, intimidación... hay muchas razones por las que una persona puede carecer de resiliencia. Todo lo que puede hacer como compañero de equipo, entrenadores y amigos es buscar construir la autoestima de un jugador. Una persona que cree en sí misma se enfrenta al fracaso. De hecho, las personas más resistentes no reconocen el fracaso; algo que va mal es simplemente el primer paso para hacer algo mejor.

Algunas maneras simples de desarrollar la fuerza mental

Nuestro desglose detallado de lo que constituye fuerza mental nos ha ofrecido algunos trucos sencillos para ayudarnos a mejorar esta parte de nuestro juego. Aquí hay una colección de otros ejercicios y actividades que pueden ayudarnos a desarrollar la fuerza mental a través de la mejora de uno o más de los atributos mencionados anteriormente.

Confíe en la Ley de Atracción

Esta teoría se basa en el principio de que las personalidades con mentalidad similar son atraídas. Por lo tanto, una persona que es positiva en su punto de vista tiende a mezclarse con otras que son previsoras y creativas. Como resultado, al compartir ideas en conversaciones y actividades, esa positividad aumenta. Con la positividad viene la voluntad de tomar riesgos, la resiliencia, la confianza y la autoestima. Por el contrario, las personas negativas tienden a atraer a otras personalidades medio vacías y se desarrolla un círculo vicioso de actitudes hacia abajo. Por lo tanto, las personas deben buscar activamente ser positivas, usando un lenguaje elogioso y de felicitación. Cada desafío puede ser visto como una oportunidad, no como una amenaza.

Analizar nuestro propio rendimiento

Puede ser difícil reflexionar sobre un mal desempeño... pero no si ve ese análisis como un ejercicio positivo. Puede pensar en las razones por las que el extremo contrario se metía constantemente detrás de usted (¿debo tratar de comprometerme un poco menos? ¿Podría ser mejor nuestra comunicación?) Luego, puede hablar con sus compañeros de equipo para tratar de encontrar maneras de resolver el problema. Así, los "fracasos" del juego se convierten en puntos de partida para convertirse en mejores jugadores.

Este tipo de análisis es algo que también puede ser utilizado por un entrenador. Los mejores entrenadores utilizan un lenguaje positivo que fomenta la participación de los jugadores. En lugar de "Deberías haber pasado en lugar de disparar en esa situación", intenta algo como "¿cuál fue la mejor opción en esa situación? Entonces, en lugar de hacer que un jugador se sienta mal por su rendimiento, y dañar su confianza, están involucrados en la búsqueda de formas de mejorar su juego.

Enfoque en el presente

El pasado está hecho y no se puede deshacer, el futuro depende de lo que hagamos hoy. Si nos quedamos en el presente, estaremos más concentrados y, por lo tanto, mentalmente más concentrados.

Desarrollar el enfoque

El deporte es una actividad competitiva, así que a veces las cosas van bien, y con frecuencia no es así. Es fácil vivir en el pasado, que es una característica de aquellos con poca resiliencia. Un pequeño ejercicio, llamado las Cuatro D, puede ayudar a concentrarse en el entrenamiento y en las situaciones de partido.

Liberar, Relajar, Revisar, Reenfocar

Liberación - Es perfectamente aceptable liberar emociones después de que algo ha salido mal. Saque la frustración de su sistema rápidamente. Recordando la importancia de la deportividad, esta reacción nunca debe ser perjudicial para los demás, sino que nos dará el primer paso para volver a centrarnos en el juego.

Relajarse - Los ejercicios de respiración lo ayudarán a relajarse; ahora también ha liberado su oleada emocional, esa relajación se logrará fácilmente.

Revisar - Esta es una parte personal del proceso. Desarrolle un sistema que lo ayude a volver a la normalidad. Por ejemplo, para una situación específica del fútbol, es posible que nos haya asado un extremo complicado. Por lo tanto, podríamos decirnos con firmeza que esto no volverá a suceder. "¡Puedo evitar que pase por delante de mí!". La visualización es también una herramienta poderosa. Nos imaginamos que estamos cayendo un poco más profundo y acosando al extremo durante más tiempo, en lugar de zambullirnos como lo hicimos, sin éxito, hace un momento.

Reenfoque - Esto es como un botón de reinicio y debería usar una señal externa, no relacionada con la situación en cuestión. Así que, por ejemplo, puede tener una palabra clave que reinicia su mente. Tal vez un alimento favorito, una pareja o un ser querido. Podríamos usar un botón de reinicio de imagen. Por ejemplo, la hermosa playa que visitamos el verano pasado. Hay dos puntos clave a utilizar con esta técnica de reenfoque: en primer lugar, debe saber de antemano cuál será ese taco - no queremos distraernos teniendo que pensar en uno en el momento en que más lo necesitemos, además de que la repetición de usar el mismo botón hará que el proceso sea más fuerte en nuestras mentes. En segundo lugar, el botón debe ser extremadamente sencillo. Una vez más, no queremos perder tiempo y energía valiosos en la elaboración de algo complejo, como un acertijo o una visualización en tres etapas.

Lleve un diario mental

Este truco contradice de alguna manera el concepto de vivir en el presente. Sin embargo, como es un método para ayudarlo a volver al presente y conservar su confianza, ¡puede permitirlo!

Su diario puede crecer con el tiempo, pero una vez que algo se escribe mentalmente dentro, nunca desaparece. Puede empezar su diario con un pequeño trabajo de preparación literal. Piense en tres ejemplos cuando las cosas nos han ido mal, pero lo superó. Escriba eso. Luego lea sus palabras escritas y cree imágenes para ellas que guarde en su mente.

Luego nos referimos a este diario mental del éxito cuando necesitamos un estallido de confianza. Por ejemplo, cuando usted está a punto de lanzar un penal o antes del saque inicial de un partido importante.

Visualizar un Alto a la Negatividad

Este es un pequeño truco simple pero grandioso para ayudarlo a superar los pensamientos negativos que se pueden introducir en nuestro pensamiento.

Cada vez que un pensamiento negativo entra en su mente se imagina una señal de stop roja parpadeante. Al mismo tiempo, dice la palabra 'PARAR' firmemente en su cabeza. Esto ayuda a romper los procesos de pensamiento negativo y nos permite volver a centrarnos en la tarea en cuestión.

Construya un Manual Mental del Éxito

Pase algún tiempo pensando en lo que representa un buen juego en una situación dada. Eso puede ser físico, mental o técnico. A menudo serán los tres. Piense en los elementos clave que harán que esa situación sea un éxito. Escríbalas y apréndalas. Por ejemplo, cuando se tira, piense "cabeza sobre la pelota" y "apunte a las esquinas"; si se practica lo suficiente, estos pensamientos se convertirán en algo natural, y nos ayudarán a actuar con precisión física en una situación de presión.

Es fácil ignorar la importancia de la fuerza mental en el deporte. Sin embargo, si queremos ser jugadores de fútbol exitosos, la fortaleza mental es al menos tan importante como la técnica y la fuerza física.

Top Tip To Take-Away 30 - Ha mirado con mucho detalle en lo que constituye la dureza mental, y las maneras de mejorarla. Por lo tanto, terminaremos con este simple punto, que puede convertirse en un mantra en nuestra búsqueda de mejoras relacionadas con el fútbol: La fortaleza mental es al menos tan importante como la habilidad y la fuerza en la composición de un jugador de fútbol talentoso.

Aprender de los mejores

Diríjase a cualquier escuela o visite cualquier equipo deportivo juvenil y pida una lista de sus jugadores favoritos. No será una lista especialmente diversa. Cuando se trata de fútbol, lo más probable es que el nombre de Lionel Messi, o Ronaldo, o Neymar aparezca ampliamente.

A medida que envejecemos, aprendemos más de las sutilezas de los distintos jugadores que forman un equipo. Pero todavía está bien tener un jugador favorito. Usted puede aprender de ese experto en fútbol.

Eligiendo Nuestro Modelo a Seguir

Si usted aprenderá observando a un maestro profesional ejercer su oficio, entonces tiene que escoger cuidadosamente a ese genio. Los videoclips son una herramienta útil, pero tienden a centrarse en los aspectos más espectaculares de un juego: buenos tiros, pases, etc. No son los elementos cotidianos del fútbol que, con un rendimiento constante y de calidad, convierten al jugador medio en uno sobresaliente. Para aprender más sobre estos temas, necesita ver al jugador en vivo o regularmente en la televisión.

Eso significa que el jugador tiene que jugar localmente, para que podamos ir a verle en persona, o para un gran equipo europeo que aparece regularmente en la televisión. Probablemente el fútbol más fácil de ver en la televisión en los EE. UU. es la Premier League inglesa. Muchos lectores ya tendrán sus equipos y jugadores elegidos; sin embargo, para los jóvenes que queremos entrar en el juego, y para los jugadores mayores que no tienen ningún favorito en particular, aquí hay una lista de algunos de los mejores jugadores de cada posición que, en el momento de escribir este artículo, están ejerciendo su oficio en la Premier League. Hemos elegido a jugadores a principios o mediados de sus carreras, por lo que se mantendrán fuertes -siempre que las lesiones lo permitan- durante un tiempo.

Huelguistas

El Anticuado Centro Adelante

El hombre objetivo tradicional está desapareciendo del juego, y el número nueve tiene que ser más versátil que en el pasado. **Dominic Calvert Lewin** es un delantero prometedor, un hombre grande y eficaz que también posee buenas habilidades para el regate y el ritmo. Juega para el Everton. **Romalu Lukaku** es el delantero belga del Manchester United. Además de tener una enorme fuerza física, Lukaku merece la pena tener en cuenta sus habilidades para correr, sobre todo cuando se encuentra en una situación de una contra uno en el área y en sus alrededores.

El Jugador Amplio de Puntuación Gratuita

El Liverpool, bajo el liderazgo del efervescente Jurgen Klopp, ha experimentado un resurgimiento en los últimos años. Mucho de esto se ha basado en su devastadora fuerza de ataque de **Roberto Firmino** (a quien veremos más adelante), **Mo Salah** y **Sadio Mane**.

Los dos últimos de este trío tienden a jugar a la izquierda y a la derecha de ataque, y utilizan su ritmo y sus habilidades de carrera para avanzar hacia las posiciones de goleador. Ambos son prolíficos goleadores, difíciles de marcar y con un acabado natural.

El Link Man Center Forward

Así que en el tercero de los hombres de Liverpool del momento. El brasileño **Roberto Firmino** tipifica al delantero del fútbol moderno. Es polifacético y capaz de jugar en cualquier lugar de la primera línea. Posee la habilidad para pasar y la visión de un número 10, el ritmo de un extremo, y es un goleador natural. Para cualquiera que quiera ver al maestro delantero de hoy, Firmino presenta un modelo perfecto. Usted puede aprender mucho de su trabajo fuera de la pelota, así como cuando está a sus pies.

Firmino (junto con Salah y Sane) es también la primera línea de defensa del Liverpool. No es para él una tarea defensiva que se limita a rematar los saques de esquina y los lanzamientos de falta, sino que su función es cerrar cuando la defensa contraria tiene el balón, obligándola a cometer errores y a traspasar la posesión rápidamente. Una tarea de este tipo requiere inmensos niveles de aptitud física.

El Número 10

Muchos dirían que esta posición es ocupada a menudo por el jugador más talentoso de un equipo. Usaremos el ejemplo de **Raheem Sterling**, el prometedor delantero del Manchester City, para ilustrar este papel y la forma en que se está adaptando al juego moderno. Sterling es un buen pasador, capaz de encontrar espacio contra una defensa repleta (un absoluto debe tener habilidad) y un buen finalista. Además, como entrenador, como en el número 10 de estos días, es capaz de jugar como extremo (en su posición original) o como delantero principal. Esta flexibilidad da opciones al entrenador con su formación y crea dificultades adicionales para las defensas, ya que el jugador es capaz de desplazarse en diferentes posiciones.

Mediocampistas

El número 8

Con esto nos referimos al centrocampista, que es un jugador de box a box, tan hábil en el apoyo a la defensa como en la penetración en el área para meter un pase en el momento oportuno. Este tipo de jugador debe ser un buen lector del juego, extremadamente en forma (probablemente es la posición que requiere más correr) y con buen ojo para el gol.

Uno de los mejores perpetradores de la posición en este momento es el mediocampista **Aaron Ramsey**, de Gales y del Arsenal. Pronto se trasladará al Juventus y será un jugador muy difícil de reemplazar para los londinenses del norte. Ramsay marca grandes goles, y también importantes. En dos ocasiones, ha marcado el gol de la victoria en una final de copa. Es raro que, al final del juego, no haya corrido más lejos que cualquier otro jugador en el parque.

El Creador del Juego

A menudo, este papel es ocupado por un número 10, aunque el puesto puede ser ocupado por un centrocampista central. El maestro de los Spurs y Dinamarca, **Christian Erikson,** es un buen jugador para tener en cuenta para aquellos que quieran mejorar en este trabajo. Lee el juego muy bien, puede pasar cortos y largos con precisión y también contribuye con goles cruciales. Los jugadores jóvenes pueden ver cómo trabaja duro para encontrar espacio cuando los Spurs ganan el balón. Los equipos se dispusieron a cerrarlo rápidamente, para evitar que causara daño con su rango de pases, pero Erikson es un maestro en evitar las atenciones de los mediocampistas defensivos.

El centrocampista ancho

Esta posición es la evolución del extremo. Con la aparición de los laterales, muchos equipos evitan utilizar un extremo como su forma de crear anchura, en lugar de exigir que el trabajo se reparta entre el lateral y el centrocampista ancho. Este jugador también tiene responsabilidades defensivas, necesita ser un buen pasador y regateador y tiene ojo para el gol.

Ryan Fraser es un internacional escocés que juega en Bournemouth. Parece ser sólo cuestión de tiempo antes de que se convierta en uno de los principales equipos europeos. Fraser es el arquetípico centrocampista ancho; un corredor devastador con el balón, sus habilidades defensivas también son excelentes.

El centrocampista defensivo central (CDM)

Lucas Torreira es un diminuto acorazado de bolsillo uruguayo que ancla el mediocampo del Arsenal. Todos podemos aprender mucho viéndolo jugar. Torreira lee bien el juego y parece estar siempre en posición de romper los ataques. A pesar de su pequeño tamaño, es un feroz tackleador (su bajo centro de gravedad ayuda aquí), un buen pasador y un jugador con ojo para el gol y un potente disparo lejano.

Defensa

La espalda central

Ya hemos hablado del poderoso **Virgil Van Dijk**. Sin embargo, la talla del defensa holandés es tal que no podemos hacer otra cosa que utilizarlo como modelo para esta posición crucial. Lamentablemente, pocos de nosotros poseemos la gama de atributos que él tiene, pero como él puede hacerlo todo, podemos usarlo como un ejemplo a través del cual podemos mejorar nuestro propio juego de especialidad, y también aprender de él sobre otros aspectos de la defensa.

En primer lugar, Van Dijk es alto, fuerte y rápido. Esto le da una ventaja física que tal vez no podamos replicar. Sin embargo, sus excelentes habilidades con el balón y su rango de pase es algo en lo que podemos trabajar".

Van Dijk también lee muy bien el juego. Puede aprender mucho viendo cómo se desarrolla su posición a medida que se desarrollan las jugadas. También es un gran comunicador, lo que es una habilidad crucial para cualquier posición en el campo, especialmente en el centro de la defensa. El holandés también aporta una amenaza ofensiva a las jugadas a balón parado con su habilidad aérea.

Sin embargo, quizás su mayor atributo es que mejora a los compañeros de equipo que le rodean. Hablamos antes de la importancia de un emparejamiento complementario de la espalda central. Con Van Dijk a su lado, parece ser cualquiera.

La espalda del ala

Vamos a ver a otro jugador del Liverpool primero para esta posición emocionante. **Trent Alexander Arnold** es un joven jugador con un gran futuro. No es el artículo terminado, y eso también nos ayuda a aprender, ya que puede ver cuando comete errores posicionales o estratégicos. Sin embargo, tiene ritmo, una habilidad notable en situaciones de balón parado y es un buen regateador y centrocampista...

El lateral izquierdo del Arsenal, **Sead Kolasinac,** es otro jugador que vale la pena vigilar. El bosnio, junto con su compañero en el lado derecho del campo, **Héctor Bellerin**, ofrece una salida amplia para un equipo del Arsenal que rara vez incluye a los alerones tradicionales.

Tanto Bellerin como Kolasinac están devastados de cara al futuro. Para estudiar una defensa más defensiva, podemos recurrir a **Benjamin Mendy, el** joven defensa francés del Manchester City. Todavía bueno en ataque, Mendy está más en el molde tradicional de espaldas llenas, sólido en defensa y con una buena lectura del juego. En una época en la que la mayoría de los laterales se han convertido en laterales, es uno de los pocos jugadores jóvenes que se comportan como un lateral tradicional para un equipo de élite.

Portero

Recomendamos que los porteros se fijen en dos porteros que, entre los dos, sean el hombre perfecto entre los palos. **David De Gea,** del Manchester United, es un excelente guardameta, con unos reflejos y un manejo asombrosos. Su sentido de la posición es insuperable, y significa que a menudo los tiros que requerirían centelleantes inmersiones de otros guardametas, él simplemente arranca del aire sin esfuerzo. En cambio, **Ederson, el** brasileño del Manchester City representa a la nueva generación de porteros.

Si De Gea es un guardameta súper tradicional con buenas habilidades de distribución, entonces Ederson es un buen guardameta con una habilidad excepcional para controlar y pasar el balón.

Hay muchos otros exponentes brillantes de cada posición y tipo de jugador que podemos ver en la televisión. Los jugadores de Europa, Sudamérica y los propios Estados Unidos son excelentes modelos de los que podemos aprender la técnica, el posicionamiento, la fuerza mental y la importancia de la fuerza física.

Aprenda observando lo mejor, y el lugar para encontrar lo mejor a la hora de analizar el rendimiento es la televisión. Le recomendamos encarecidamente que se suscriba. El análisis de los expertos que tiene lugar en el medio tiempo y después del partido es también una fuente brillante para aprender sobre el juego. ¿Dónde más, si no en la televisión, podríamos tener acceso a algunos de los mejores cerebros futbolísticos del mundo?

Analizar el rendimiento de los profesionales le permitirá estar más informado sobre el juego en su sentido más amplio. Por lo tanto, se convertirá en un jugador más eficaz.

Conclusión

Pep Guardiola es probablemente el mejor entrenador del mundo. Después de haber tenido un gran éxito con el Barcelona, el Bayern de Múnich y el Manchester City, es un entrenador del que todos podemos aprender.

El talento depende de la inspiración", dijo una vez, "pero el esfuerzo depende de cada cuerpo individual".

Puede que sus palabras no tengan perfección gramatical, pero sí envían un mensaje importante. Uno que dice que somos el secreto de nuestro propio éxito futbolístico. Cualquiera que sea el talento con el que pueda nacer, cualesquiera que sean los atributos físicos que posea, su nivel final como jugador de fútbol dependerá del esfuerzo que ponga.

Jugamos al fútbol por placer. Ese placer viene con las bonificaciones añadidas de promover la aptitud física; de generar bienestar mental; de establecer oportunidades para la amistad que pueden durar toda la vida. Esos beneficios son mayores cuando realmente se compromete con el fútbol.

Esperamos que este libro le haya dado una visión amplia y variada de algunos de los trucos que pueden ayudarlo a maximizar su potencial como jugador de fútbol. Tal vez se puedan resumir en un pequeño número de epígrafes:

- Habilidades técnicas maximizadas a través de la formación;
- Habilidades físicas perfeccionadas a través de un régimen de entrenamiento físico;
- Fuerza mental que lo apoya no sólo en su juego de fútbol, sino también en la vida en general;
- La importancia de la comunicación;
- La importancia de leer el juego. Esto se puede aprender estudiando los partidos y viendo a los mejores exponentes de este deporte.

Los buenos jugadores ya utilizarán muchos de los consejos y sugerencias, estrategias y técnicas que se describieron en este libro. Hay una cantidad limitada de maneras de jugar, y para los jugadores experimentados el desafío consiste tanto en mejorar la consistencia y la precisión con las habilidades existentes como en desarrollar otras nuevas. Sin embargo, siempre es útil recapitular lo esencial del juego. Además, se espera que todos los aficionados al fútbol -jugador, padre o entrenador- puedan llevarse algo con lo que puedan mejorar su propio juego... y su disfrute de este.

Ame este hermoso deporte - es el mejor del mundo. También es el más popular, y uno de los más fáciles de jugar. Una pelota es todo lo que se necesita.

Las habilidades y estrategias que se ha destacado en este libro lo ayudarán a mejorar su rendimiento y, por lo tanto, a disfrutar del mejor juego del planeta.

El final.... ¡casi!

Las revisiones no son fáciles de conseguir.

Como autor independiente con un pequeño presupuesto de marketing, confío en que los lectores, como ustedes, dejen una breve reseña sobre Amazon.

¡Incluso si es sólo una frase o dos!

Así que, si te gustó el libro, por favor diríjase a la página del producto, y deje una reseña como se muestra a continuación.

Estoy muy agradecido por su revisión, ya que realmente marca una diferencia.

Gracias de todo corazón por comprar este libro y leerlo hasta el final.

Fútbol de alto rendimiento

Chest Dugger

Regalo incluido

Como parte de nuestra dedicación para ayudarle a tener éxito en su carrera, le hemos enviado una hoja de ejercicios de fútbol gratis. Esta es la hoja de ejercicios "Hoja de Trabajo de Entrenamiento de Fútbol". Esta es una lista de ejercicios que puede utilizar para mejorar su juego, así como una metodología para hacer un seguimiento de su rendimiento en estos ejercicios en el día a día. Queremos llevarte al siguiente nivel.

Haga clic en el enlace de abajo para obtener su hoja de ejercicios gratis.

https://soccertrainingabiprod.gr8.com/

También puede obtener este libro de forma gratuita como audiolibro en Audible junto con una suscripción gratuita de 1 mes a Audible. Sólo tiene que registrarse en el siguiente enlace:

https://www.audible.com/pd/B07G24HPWN/?source_code=AUDFPWS0223189MWT-BK-ACX0-123516ef=acx_bty_BK_ACX0_123516_rh_us

SOBRE EL AUTOR

Chest Dugger es el seudónimo de nuestro equipo de entrenamiento de fútbol, Abiprod. Abiprod es un equipo de entrenadores profesionales y aficionados, con sede en el Reino Unido y Australia. Puede visitarnos en www.abiprod.com

Hemos sido aficionados al futbol durante décadas, entrenando a equipos juveniles y seniors. Como todos los aficionados al fútbol, vemos y jugamos este hermoso deporte tanto como podemos. Tanto si somos seguidores del Manchester United, el Real Madrid, el Arsenal o el Galaxy de Los Ángeles, compartimos un amor común por el deporte.

A través de nuestras experiencias, hemos notado que hay muy poca información para el aficionado común que quiere elevar su juego al siguiente nivel. O que sus hijos empiecen en el camino. Este es especialmente el caso de aquellos que viven fuera de Europa y América del Sur. El entrenamiento y la metodología del fútbol de alto valor son bastante raros incluso en países ricos como EE.UU. y Australia.

Queremos hacer llegar el mensaje al mayor número de personas posible. A través de nuestro blog de entrenamiento de fútbol, libros y productos, nuestro objetivo es llevar lo mejor del entrenamiento de fútbol al mundo. Aunque estamos empezando en Estados Unidos y

Australia, cualquiera que sienta pasión por este hermoso deporte puede utilizar nuestras tácticas y estrategias.

DISCLAIMER

Derechos de autor © 2018

Todos los Derechos Reservados

Ninguna parte de este eBook puede ser transmitida o reproducida en ninguna forma, incluyendo la impresión, electrónica, fotocopia, escaneado, mecánica o grabación sin el permiso previo por escrito del autor.

Aunque el autor ha hecho todo lo posible por garantizar la exactitud del contenido escrito, se aconseja a todos los lectores que sigan la información mencionada en el presente documento bajo su propio riesgo. El autor no se hace responsable de ningún daño personal o comercial causado por la información. Se anima a todos los lectores a buscar asesoramiento profesional cuando sea necesario.

Introducción

Gracias por comprar este libro. Esperamos que sea una excelente manera de ayudar a los jugadores y entrenadores a mantenerse en forma en el fútbol. El libro analizará la aptitud física para el fútbol y considerará cómo ésta refleja y difiere de la aptitud física general. Ofrecerá ejemplos de cómo los jugadores pueden mejorar su resistencia para jugar al fútbol.

También se analizará el tipo de aptitud que se necesita específicamente para jugar al fútbol al más alto nivel que nuestra capacidad nos permite, teniendo en cuenta la ciencia que hay detrás de la práctica. Fútbol de alto rendimiento considerará los diferentes aspectos de ponerse en forma para el fútbol.

Examinará las formas de desarrollar la fuerza en la parte superior del cuerpo. Se ofrecerán orientaciones prácticas en materia de pliométrica: programas de formación específicos para desarrollar la explosividad del movimiento y la velocidad. El libro ofrecerá maneras prácticas de desarrollar también el tan necesario atributo de la resistencia.

Para ser un buen jugador de fútbol no sólo es necesario tener una buena forma física, sino que también es vital tener una alta conciencia mental; posicionarse, seleccionar pases, hacer carreras, concentrarse, todo ello con el fin de desarrollar una buena forma física que ayude a tomar las mejores decisiones en una situación rápida. Este libro ofrecerá maneras de mejorar esto.

También analizaremos el tipo de disciplina que se necesita para estar lo suficientemente en forma como para jugar al fútbol al más alto nivel que podamos, y cómo la dieta puede ayudar a lograr este estado físico específico para jugar al fútbol. Esperamos que el libro le ayude a lograr lo que todos queremos en nuestros objetivos deportivos, ya sea jugando a nivel de aficionados, a nivel de liga local, semi-profesional o incluso para aquellos que sueñan con jugar profesionalmente.

Para los entrenadores, el libro también tendrá en cuenta los diferentes requisitos de aptitud física para el fútbol juvenil e infantil.

Tenga en cuenta que estos ejercicios son generales y pueden funcionar para personas con un nivel de forma física moderado a alto. Si usted está buscando rutinas de ejercicios individuales, debe considerar un entrenador físico y un nutricionista. También le recomendamos que utilice inicialmente un entrenador físico para asegurarse de que está utilizando la metodología correcta para cualquier tipo de entrenamiento con pesas.

Fútbol de alto rendimiento versus deporte de alto rendimiento

No hay duda de que para jugar bien al fútbol se necesita un buen estado físico y mental. Sin embargo, también es cierto que estar en forma en el sentido de "ir al gimnasio" no es suficiente para poder jugar al fútbol a un alto nivel, o a un nivel que dé la mejor satisfacción personal. Lo que podríamos denominar aptitud física diaria es importante, pero para el campo de fútbol se necesita aún más.

En este capítulo veremos lo que se requiere para alcanzar la condición física diaria, y luego cómo se puede construir sobre ella para prepararse para el fútbol.

Ejercicio físico diario

¿Qué significa 'apto'? Eso realmente depende del individuo, y de lo que desee hacer con su cuerpo, cómo desea lucir y cómo le gustaría sentirse. Si tomamos dos extremos, un equipo internacional en la unión de rugby estará lo más en forma posible, pero se verá y se sentirá muy diferente a un corredor de larga distancia de primera clase.

Sin embargo, necesitamos establecer un punto de referencia, y por lo tanto, con las condiciones mencionadas anteriormente, definamos "aptitud" bajo cinco conceptos. A continuación, podemos ver cada uno de estos conceptos y explorar algunas de las formas en que se pueden lograr.

- Condición física o resistencia cardiovascular
- Flexibilidad
- Composición de la grasa corporal
- Fuerza muscular
- Resistencia muscular

Resistencia Cardiovascular

En primer lugar, tenemos que definir qué significa exactamente este término.

Definición

En términos sencillos, la resistencia cardiovascular es la eficiencia con la que los vasos sanguíneos, el corazón y los pulmones suministran sangre y oxígeno a los músculos. Una buena resistencia cardiovascular es la capacidad de poder hacer esto durante un largo período de tiempo.

También requiere que nuestro tejido muscular utilice esa sangre y oxígeno para crear la energía para el movimiento.

¿Por qué necesitamos una buena resistencia cardiovascular?

Tener una buena resistencia cardiovascular es más importante que simplemente lograr una buena condición física. Esta condición ayuda a reducir el riesgo de contraer una serie de riesgos de salud desagradables. La cardiopatía, la hipertensión, el accidente cerebrovascular y la diabetes son menos probables que ocurran en individuos con buenos niveles de resistencia cardiovascular.

Pero esto es un libro de deportes, y necesitamos esta condición física para ganar buena resistencia. Noventa minutos de fútbol, con los diversos requisitos de aptitud física del deporte, sin duda requiere que los jugadores tengan buena resistencia. Lo contrario significa que el esfuerzo promueve la respiración acelerada, ya que los músculos anhelan desesperadamente el oxígeno. La respiración acelerada está desgastando nuestros cuerpos e induce el cansancio. El cansancio físico no sólo disminuye el rendimiento, sino que también induce el agotamiento mental.

¿Cómo desarrollamos la resistencia cardiovascular?

Hay una serie de actividades que nos ayudarán a desarrollar nuestra resistencia cardiovascular. Hay algunos ejemplos a continuación, y el mejor consejo es variar las actividades. Esto ayudará a mantener los ejercicios frescos y también reducirá la posibilidad de desarrollar lesiones causadas por la actividad repetitiva.

Caminar

Comienza tan fácil como esto. Caminar durante treinta minutos tres veces a la semana ayudará a mejorar la salud cardiovascular, y esto hará que el paso a un ejercicio más enérgico sea más fácil de lograr, lo que hace que caminar sea una gran actividad inicial.

Las caminatas deben ser lo suficientemente difíciles como para inducir una respiración ligeramente más rápida y un sudor suave. Los paseos de treinta minutos se pueden dividir en sesiones más cortas, por ejemplo, dos lotes de quince minutos si eso funciona mejor con nuestro estilo de vida.

Trotar

Dos trotes de treinta minutos a la semana también ayudarán a aumentar nuestra resistencia, más adelante. Para aquellos que no han hecho ejercicio por un tiempo, es una buena idea comenzar con sesiones de quince minutos para construir nuestros cuerpos para lidiar con el estrés que empezaremos a poner en ellos.

Una vez que las dos carreras semanales están firmemente arraigadas en nuestra rutina, la distancia puede extenderse, primero a cinco kilómetros y luego a diez. Una carrera de diez kilómetros llevará poco más de una hora a una velocidad media.

Al final puede variar el terrenocon algunas colinas que nos ayuden a trabajar el corazón y los pulmones un poco más vigorosamente.

Nuestros diez kilómetros de recorrido nos permitirán comenzar a alcanzar la cantidad de viajes típicos que haríamos en un partido de fútbol de noventa minutos. Sin embargo, como veremos más adelante, la forma en que corremos esa distancia durante un partido es muy diferente, y requiere diferentes tipos de entrenamiento, que el trotar directamente. Sin embargo, correr nos ayudará a aumentar nuestra resistencia cardiovascular. Esta actividad, como veremos más adelante, formará parte importante de algunos ejercicios y ejercicios relacionados con el fútbol que mejorarán nuestra condición física general para practicar este deporte.

Natación

La natación es excelente porque aumenta la resistencia cardiovascular sin poner demasiada tensión en nuestros músculos. La manera de obtener el mejor efecto es variar las brazadas cada cuatro longitudes aproximadamente; esto nos ayudará a desarrollar diferentes músculos.

Ciclismo

Podría ser una sorpresa que un paseo de cuarenta minutos en bicicleta use casi el mismo número de calorías que un nado de cuarenta minutos.

Sin embargo, montar en bicicleta nos ayuda a fortalecer los músculos de las piernas, que son un atributo importante para el fútbol.

Una vez que se ha desarrollado una buena resistencia, el ciclismo en terrenos mixtos nos ayudará a trabajar aún más los músculos de las piernas, y en realidad refleja el tipo de actividad en un partido de fútbol más de cerca que nadar, correr o caminar.

Ejercicios aeróbicos

Los ejercicios como el baile, los pasos y los ejercicios aeróbicos son excelentes para desarrollar nuestra capacidad pulmonar y maximizar la capacidad de nuestro cuerpo para bombear oxígeno alrededor de nuestro sistema. La variedad de actividades ayudará a desarrollar diferentes grupos musculares, y dirigidos por un instructor (o, por conveniencia y economía, un DVD o video de You Tube) nos mantendremos en movimiento. Muchas personas encuentran que las actividades aeróbicas y de baile son más agradables que los ejercicios repetitivos como trotar o nadar. Debido a que se puede hacer en interiores, también depende menos de las condiciones climáticas. Aunque definitivamente hay una motivación adicional que se puede obtener cuando trabajamos con un grupo, la actividad es conveniente porque podemos realizar una sesión en nuestra sala de estar o en nuestro dormitorio.

Ejercicio en casa

Hay veces que no tenemos tiempo para ir al gimnasio, o el clima hace que el ciclismo sea poco atractivo. Sin embargo, podemos hacer nuestro propio régimen de ejercicio útil en casa, al menos un par de días a la semana.

Diez minutos de subir y bajar escaleras tres veces al día ayudará a mejorar la resistencia cardiovascular y los músculos de las piernas. Si tenemos un mini trampolin, esto se puede utilizar para los períodos de tiempo similares y otra vez ayudará a nuestra aptitud.

Flexibilidad

Definición

En pocas palabras, por flexibilidad entendemos la capacidad de doblarse sin romperse. Lo que sugiere que es un atributo muy importante de tener. ¡Ninguno de nosotros quiere romperse en medio de un juego!

Por lo tanto, se puede ver inmediatamente lo importante que es la flexibilidad en el fútbol, o en casi cualquier deporte.

Si no somos flexibles, estaremos sujetos a muchas lesiones, y nuestro disfrute del juego será limitado, y nuestro tiempo de juego será reducido.

Pero la flexibilidad es igualmente importante en términos de la forma física. No sólo nos ayudará a evitar las torceduras y los esguinces, sino que también significa que, a medida que envejecemos, nuestra movilidad se verá menos afectada.

¿Cómo desarrollamos y mantenemos la flexibilidad?

El entrenador del Arsenal, Arsene Wenger, revolucionó el fútbol en Inglaterra a través de sus rutinas de entrenamiento y la importancia que daba a la dieta. Lo veremos con más detalle más adelante, pero otra forma en la que desarrolló a sus jugadores fue aumentando su flexibilidad. Como resultado, sus movimientos eran más rápidos, más suaves y mayores.

Estiramiento

La lista de beneficios del estiramiento es larga:

- Se reduce el riesgo de lesiones
- Se previene el dolor
- Mejora la postura (lo cual también puede ayudar a reducir las lesiones y mejorar el rendimiento)
- El dolor de espalda se trata
- Se mejora la coordinación
- El daño muscular se repara más rápidamente
- El dolor se reduce al moverse
- Hay un aumento de sangre y nutrición en el tejido corporal
- Las endorfinas son liberadas, mejorando la forma en que nos sentimos.

Hay algunas reglas a seguir con cualquier tipo de estiramiento.

- Estiramiento después de un entrenamiento, concentrándose en los músculos utilizados
- Mantenga los estiramientos durante quince a treinta segundos
- No rebote cuando se estire
- Haga estiramientos regulares, no sólo durante la sesión de ejercicio.

Estiramiento de pantorrillas

Ponga un pie detrás de usted, manteniendo la pierna estirada. Mantenga el talón de ese pie firmemente en el suelo. Doble la rodilla de su pierna delantera hasta que sienta que la pantorrilla de su pierna trasera se estira. Mantenga el estiramiento durante treinta segundos y luego repita con la otra pierna.

Estiramiento del tendón de la corva

Ponga una pierna estirada hacia adelante y descanse en ese talón. Mantenga la espalda recta e inclínese hacia adelante desde las caderas hasta que sienta que la parte posterior de la pierna se estira. Sostenga por medio minuto y luego repita con la otra pierna.

Estiramiento de la cadera

Acuéstese boca arriba en el suelo durante este estiramiento. Cruce su pie derecho sobre su rodilla izquierda. Junte las manos detrás del muslo izquierdo y tire suavemente hacia usted, con la parte superior del cuerpo relajada. Manténgalo estirado durante treinta segundos y luego intercambie las piernas.

Estiramiento del pecho

Podemos pararnos o sentarnos para este ejercicio. Ponemos los brazos detrás de la espalda y enlazamos los dedos (si esto no es posible, simplemente ponemos los brazos lo más atrás posible). Enderece los brazos y levántelos ligeramente, hasta que sienta un estiramiento en el pecho. Manténgalo estirado durante treinta segundos.

Estiramiento del tríceps

Una vez más, podemos hacer este estiramiento de pie o sentados. Ponemos un brazo hacia arriba, luego lo doblamos a la altura del codo y ponemos la mano detrás de la cabeza. Usamos el otro brazo para jalar suavemente de nuestro codo. Mantén el estiramiento durante treinta segundos y luego intercambiamos los brazos.

Estiramiento de hombros

Ya sea sentados o de pie, tomamos el brazo izquierdo estirado sobre el pecho y señalamos con los dedos hacia afuera. Usamos nuestro otro brazo para jalar del brazo hasta que sentimos un estiramiento en el hombro. Aguantamos treinta segundos y luego repetimos con el otro brazo.

Composición de la grasa corporal

Definición de la composición de la grasa corporal

Esta es la cantidad comparativa de grasa y otras masas en nuestros cuerpos. La otra masa consiste en hueso, órganos y músculo. Idealmente, queremos masa corporal magra en lugar de demasiada grasa corporal.

¿Por qué es importante mantener la grasa corporal bajo control?

Hay varias razones para ello. La salud a largo plazo es mejor con la masa corporal magra, las enfermedades como los problemas cardiovasculares, la diabetes, la hipertensión, el accidente cerebrovascular, la enfermedad de Alzheimer y algunos tipos de cáncer se reducen mucho con la masa corporal baja.

En términos de nuestra rutina de ejercicio, la grasa obstruye nuestras arterias y ralentiza nuestra circulación. Esto pone más presión en el corazón para bombear sangre alrededor del cuerpo, lo que significa que nos cansamos más rápidamente. Además, la cantidad de oxígeno que podemos enviar a nuestros músculos se reduce, lo que significa que son menos eficientes y funcionan menos.

Formas de controlar la masa corporal

Más adelante en el libro veremos la dieta que se aplica a la aptitud para el fútbol. Pero la dieta es un factor importante para ayudar a mejorar la masa corporal magra.

Los alimentos bajos en grasa ayudan, y los ricos en proteínas también. La forma en que comemos también puede ser un factor determinante. Se sabe que hacer ejercicio después de un ayuno corto, digamos después de una noche de sueño, significa que nuestra grasa corporal se quema más rápidamente, sea cual sea el ejercicio, y se reemplaza con masa corporal magra.

En términos de ejercicio, tristemente no hay ejercicios maravillosos, pero la actividad de alta intensidad quema más grasa que la de baja intensidad. Por ejemplo, correr a toda velocidad quema la grasa de manera más efectiva que trotar. Las sesiones de alta intensidad en el gimnasio, como el ciclismo o el remo, también ayudan a quemar grasa. Sin embargo, se debe alcanzar un buen nivel general de forma física antes de participar en este tipo de actividad vigorosa.

Entrenamiento a intervalos

El entrenamiento a intervalos significa actividades de alta intensidad seguidas de descansos cortos. Se puede ver que esto imita más de cerca el fútbol, donde las carreras cortas e intensas o los driblear serán seguidos por períodos cortos de recuperación.

Para los principiantes, o para aquellos que necesitan ponerse en forma, el entrenamiento aeróbico básico a intervalos, a veces llamado AIT (Por sus siglas en ingles), es una buena manera de empezar. Esto puede ser usado con cualquier tipo de actividad, pero usaremos correr como ejemplo. Un buen punto de partida es trabajar de 15 a 20 minutos; está compuesto de tres a cuatro piques de un minuto con caminatas moderadas o rápidas en el medio. De esta manera, se consigue duplicar la duración total del ejercicio y duplicar los aspectos intensivos.

A medida que nos volvemos más en forma y más seguros de nosotros mismos, introducimos un entrenamiento más duro en los períodos tranquilos - así que, por ejemplo, si seguimos corriendo, podríamos trabajar de 45 a 50 minutos, con diez carreras de dos minutos de duración intercaladas con trote a trote medio. La intensidad extra de nuestro ejercicio nos permitirá obtener rendimientos cada vez más rápidos.

Trabajar con Pesas

No son las pesas en sí las que ayudarán a quemar grasa y a convertirte en un manojo de masa corporal magra. Es la resistencia que proporcionan las pesas. Así que se pueden obtener efectos similares trabajando contra una máquina, o incluso contra una pared.

El peso utilizado debe ser desafiante y ejercer presión sobre nuestros músculos, pero no lo suficientemente pesado como para causar desgarros u otras lesiones. Si es posible, es mejor tomar consejo cara a cara sobre la cantidad de peso que se ha levantado. Esto dependerá de una serie de factores: la masa corporal, el nivel general de forma física, el sexo y la edad.

A falta de todo lo demás, los consejos se pueden encontrar en línea, pero definitivamente es mejor hablar con un experto en acondicionamiento físico o con un médico antes de empezar. El trabajo con resistencia también ayudará a la resistencia cardiovascular, pero el principal beneficio es que el entrenamiento aumentará la capacidad del cuerpo para metabolizar la grasa tanto durante el entrenamiento como durante un período posterior.

Abajo hay algunos ejercicios de pesas, pero para todas las actividades comience con un calentamiento suave, haga una ronda de ejercicios con pesas ligeras y luego repita con pesas que le darán los resultados que usted desea. Finalmente, haga entre 10 y 14 repeticiones de cada ejercicio. Las pesas se pueden realizar entre dos y tres veces por semana.

Ejercicios

He aquí una selección de ejercicios para ayudar con el trabajo de resistencia.

Prensa de banco

Un banco de presión consiste en acostarse sobre un banco con los pies en el suelo. Luego se levanta un peso, ya sea en una barra o con mancuernas. El ejercicio desarrolla los músculos de la parte superior del cuerpo en el pecho y los brazos.

Zancadas

Aquí, la resistencia es el suelo. Nos ponemos en marcha como si estuviéramos en una carrera de media distancia: la pierna delantera está doblada a la altura de la rodilla, la pierna trasera va por detrás. Luego empujamos hacia adelante hasta que nuestra rodilla trasera toca el piso y empujamos de nuevo a una posición vertical normal. Este ejercicio fortalece las piernas y también ayuda a mantener el equilibrio. Nuestra espalda se mantiene recta durante todo el ejercicio.

Rizos

Con este ejercicio, las mancuernas se mantienen en cada mano. Con la espalda recta, las pesas se mantienen a nuestros lados. Luego son 'enroscados' hacia arriba, usando nuestros bíceps para realizar la tarea, fortaleciendo estos músculos.

Sentadillas

Nuestros pies se colocan en una posición estable aparte y ponemos las manos sobre los muslos. Manteniendo la espalda recta, nos inclinamos hacia atrás hasta que los codos se han deslizado hasta las rodillas. El peso está en nuestros talones, la cabeza está arriba, y las manos apuntan hacia adelante. La postura en cuclillas se completa levantando la espalda a la posición de pie, usando los músculos de las piernas y empujando hacia abajo con los talones.

Abdominales

Los abdominales son como medio sentarse y trabajar en los músculos abdominales. Nos tumbamos en el suelo y levantamos las rodillas en un triángulo, con los pies planos en el suelo. Luego, levantamos la parte superior del cuerpo y nos tumbamos de espaldas. Esto se repite varias veces. Siempre sabemos que estamos haciendo un crujido correctamente, porque lo sentiremos en nuestros músculos abdominales.

Entrenamiento en circuito

El entrenamiento en circuito es un poco como un programa de ejercicios a intervalos, pero que aborda varios grupos musculares. En una habitación, en un pasillo o incluso en nuestro patio trasero, organizamos una serie de ejercicios en un circuito.

Por lo tanto, podríamos tener una zona para cada ejercicio. Luego hacemos un circuito de esos ejercicios. Podríamos pasar dos minutos en cada base, luego descansar un minuto antes de pasar al siguiente elemento del circuito.

Fuerza y resistencia muscular

Los ejercicios anteriores no sólo nos ayudarán a crear una masa corporal magra, sino también a desarrollar la fuerza muscular. Sin embargo, también necesitamos resistencia. Es la capacidad de permanecer activo durante todo el partido, de recuperarse rápidamente, de resistir las lesiones y, cuando se sufre, de recuperar la forma rápidamente.

Examinaremos los ejercicios que ayudan con estos temas más adelante en el libro.

Diferencias con ser "fitness" para el fútbol

Arriba hemos dado algunas ideas con respecto al trabajo de acondicionamiento básico. Pero para estar en forma para el fútbol, no sólo necesitamos estos elementos básicos de aptitud física y fuerza muscular.

Necesitamos otros elementos de acondicionamiento físico, y cuando combinamos nuestro acondicionamiento físico futbolístico con un acondicionamiento físico completo, necesitamos ese bienestar para ser eficaces en una situación competitiva. Si la aptitud general encaja en las cinco categorías de resistencia cardiovascular, flexibilidad, composición de la grasa corporal, fuerza muscular y resistencia muscular, entonces la aptitud para el fútbol puede subdividirse en las siguientes áreas:

- Resistencia cardio-respiratoria, o CRE: Es decir, la capacidad de durar los noventa minutos completos del juego, con nuestro rendimiento constante durante todo ese tiempo (difícil de alcanzar, incluso a nivel profesional, un objetivo en el que fijarnos metas).
- Velocidad: Siempre que jugamos en el campo, tenemos que ser rápidos. Ya se trate de un guardameta que se recupera de una parada de paradas, de un defensor que vuelve a su posición, de un centrocampista que se cubre y apoya hacia delante, o de un delantero que utiliza el ritmo para ponerse detrás de un defensor, la velocidad es una parte esencial del juego.
- Resistencia a la velocidad: Esa es la capacidad de ser capaz de realizar piques tan efectivamente al final del juego como al principio.
- Agilidad: Los jugadores de fútbol deben ser capaces de girar y girar, de cambiar de dirección rápidamente y de jugar en el medio turno. La flexibilidad es una parte esencial de la agilidad, pero también lo son otros factores como la fuerza muscular y el equilibrio.
- Equilibrio: Una habilidad crucial para los jugadores de fútbol de éxito. Tenemos que ser capaces de controlar y jugar el balón cuando estamos bajo la presión de nuestros oponentes, cuando nos empujan y nos golpean y cuando nuestros cuerpos están en posiciones inusuales. Simplemente, si nos caemos, no podemos hacerlo.

- Aptitud emocional: Debido a que el fútbol es un deporte de competición, de contacto, jugado a alta velocidad, se sentirán golpes dolorosos, los jugadores serán objeto de falta y a veces el árbitro, el árbitro, se equivocará. Es importante que seamos capaces emocionalmente de lidiar con esto, la alternativa es una larga caminata hasta el vestidor y una ducha temprana.
- Aptitud mental: Nuestros cuerpos se cansarán inevitablemente durante el transcurso de un partido. Sin embargo, debemos mantener la concentración durante los noventa minutos. La mayoría de los goles en el fútbol profesional se marcan en el último cuarto del partido, a medida que los cuerpos y las mentes se cansan y los errores se acumulan. Nuestra capacidad para eliminar o al menos reducir estos errores se debe a nuestra salud mental.
- Motivación: Debido a la naturaleza subjetiva de la toma de decisiones, el elemento competitivo del juego y el hecho de que es un juego de equipo, dependemos del rendimiento de nuestros compañeros, así como de nuestro propio juego, y las cosas pueden salir mal. Y esas cosas no son necesariamente asuntos con los que podamos lidiar, como en, digamos, el tenis. Por lo tanto, necesitamos encontrar dentro de nosotros mismos la motivación para seguir trabajando duro, seguir haciendo todo lo posible y creer que podemos hacer una diferencia incluso cuando las cosas van en contra de nosotros.

En este capítulo hemos considerado la naturaleza de la aptitud física general, la hemos dividido en cinco componentes y hemos ofrecido ejercicios para desarrollarlos. También hemos analizado las formas en que la forma física del fútbol se basa en estos y tiene diferentes elementos para la forma física general.

Ahora pasaremos a analizar en detalle los procedimientos de entrenamiento que pueden ayudarnos a asegurarnos de que nuestra aptitud para jugar al fútbol sea lo más fuerte posible.

Diferentes aspectos del fútbol de alto rendimiento

En este capítulo, nos basaremos en el anterior para analizar los cinco aspectos principales de la condición física del fútbol.

Estos pueden ser categorizados como:

- Condición física cardiovascular
- Agilidad
- Velocidad
- Fuerza muscular
- Aptitud mental

La salud cardiovascular nos ayudará a lograr lo siguiente, en un sentido puramente futbolístico:

- Sigue tocando durante noventa minutos.
- Retrasar la aparición de ácido láctico en nuestros músculos
- Ayuda a la concentración
- Permitirnos mantener los niveles de habilidad
- Permitirnos hacer piques durante más tiempo y con más frecuencia

- Ayúdanos a recuperarnos rápidamente de los piques, para que podamos seguir jugando cuando se pierda la posesión.

La agilidad nos ayudará a hacerlo:

- Proteger nuestro cuerpo evitando los malos placajes
- Contacto de absorción
- Muévase con flexibilidad
- Mantener el equilibrio en diferentes situaciones
- Emplea la habilidad que hemos aprendido a pasar, driblear, tirar y placar.

Necesitamos velocidad de las siguientes maneras:

- Sostener carreras largas y rápidas, como las que los centrocampistas buscan hacer.
- Moverse explosivamente sobre dos o tres metros para pasar a un defensor al salir corriendo del balón, vencer a un defensor, encontrar un momento de espacio, hacer un tacklear.
- Corre diez metros para encontrar espacio al salir corriendo de la pelota, para llegar a un pase largo al espacio y para recuperarte para ponerte en posición o hacer un tacklear.
- Corre veinte metros cuando corras con la pelota o te recuperes para detener un descanso.

La fuerza muscular nos ayudará en las siguientes áreas:

- Ayúdanos a mantener el equilibrio a la hora de jugar el balón desde una posición poco convencional.
- Ayúdanos a mantener el equilibrio cuando recibimos el balón en posiciones incómodas.
- Evitar lesiones
- Retener a un oponente
- Mantenga la forma física durante todo el juego, con todos los beneficios que esto conlleva.

La aptitud mental, como hemos visto anteriormente, nos ayudará a evitar problemas disciplinarios, nos ayudará a mantener la motivación y la concentración, nos ayudará a tener confianza en nuestra propia capacidad y, quizás lo más importante de todo, nos ayudará a disfrutar de este increíble deporte.

Fuerza en la parte superior del cuerpo - Ejercicios para el fútbol

Ahora que entendemos la importancia de la buena forma física del fútbol, es el momento de entrar en detalles, con actividades específicas que nos ayudarán a desarrollar nuestra capacidad de jugar, sostener y disfrutar de nuestro juego.

Necesitamos la fuerza de la parte superior del cuerpo o, simplemente, seremos derribados del balón. Una buena fuerza en la parte superior del cuerpo también tiene el efecto secundario positivo de estimular nuestros sistemas nerviosos; esto proporciona el beneficio de hacer que nuestras reacciones sean más rápidas.

La parte superior del cuerpo es a menudo el elemento de fitness más descuidado cuando los jugadores entrenan para el fútbol, al menos a nivel amateur. Esto se debe a que nos concentramos (apropiadamente) en la parte inferior de nuestro cuerpo. Sin embargo, si no podemos proteger el balón, controlarlo o evitar que se nos escape, entonces, por muy hábiles que seamos, somos ineficaces porque hemos perdido el balón.

Usando una pelota medicinal

Hay muchas actividades de fuerza en la parte superior del cuerpo que podemos practicar con una pelota médica. Todo lo que se necesita es el balón y una pared (para rebotar el balón) o un compañero para devolverlo.

Los puntos clave al usar una pelota medicinal son mantener las caderas bajas, extender las piernas para mantener el equilibrio, seguir adelante con el lanzamiento y absorber la captura para que la energía de la pelota se transfiera a través de nuestros brazos, a través de nuestro centro y a través de nuestros pies.

Entrenamientos con una bola medicinal

- Cada ejercicio implica lanzar y atrapar la pelota medicinal.
- Pase de pecho: Aquí el balón se lanza desde el pecho con los brazos en alto y rectos, como si fuera un pase de baloncesto o de baloncesto. Las caderas son bajas, la espalda recta y los brazos se extienden para pasar y retraerse para absorber la captura.
- Paso lateral: Un pie se coloca ligeramente delante del otro, la espalda está recta. La pelota es lanzada con un movimiento de balanceo desde la altura de la cintura, como un pase de rugby. El ejercicio consiste en alternar el lado desde el que se realiza el pase.

- Stretch Pass: Aquí estamos a noventa grados de nuestra pareja o de la pared. Extendemos nuestra pierna delantera, un poco como si estuviéramos a punto de hacer una embestida. Con un movimiento de rotación de la parte superior del cuerpo, la pelota es lanzada desde la altura de la cintura, usando ambas manos. Al igual que con el paso lateral, alternamos los lados desde los que lanzamos.
- Pase de lanzamiento de peso: Las piernas están reforzadas una frente a la otra, y el pecho mira hacia la pared. Usando AMBAS manos, lanzamos la pelota medicinal como si fuera un lanzamiento de peso.

Pesas

Las actividades de pesas discutidas en el Capítulo Uno son ideales para el entrenamiento de fuerza de la parte superior del cuerpo. Prensas de banco, rulos, etc. nos ayudarán a alcanzar nuestras metas.

Recuerde, cuando levantamos pesas, nuestras espaldas deben estar rectas. Además, debemos levantar un peso que represente un reto, pero que no suponga un esfuerzo excesivo para nuestros músculos. Si nos vamos a lesionar, al menos ahorremos eso para el campo, ¡no para el régimen de entrenamiento!

Los elevadores de muerte son ascensores hechos desde una posición de pie y estos ayudarán a desarrollar la fuerza del núcleo, así como la de la parte superior del cuerpo.

Coloque la barra en el suelo. Párese con las piernas apoyadas y agarre la barra con ambas manos, aproximadamente a la anchura de nuestros dos hombros. Asegúrese de que la espalda esté recta y que la cabeza mire hacia arriba. Levante la barra a la altura de los hombros. Baje la barra lentamente hasta el suelo, asegurándose de que la espalda y la cabeza permanezcan rectas. El ejercicio también se puede hacer exactamente de la misma manera usando campanas tontas.

Remo (high row)

Se necesita una máquina para esta actividad, la mayoría de los gimnasios tienen una máquina de ejercicios High Row. Siéntese con la espalda recta. Flexione las rodillas y agarre las asas. Tire del adaptador hacia la parte superior del abdomen. Invierta el movimiento, lentamente y bajo control.

Saltos en caja (Box Jumps)

Brillante para la fuerza del abdomen y del pecho, así como para los músculos de las piernas. Se necesita una caja, alrededor de la espinilla hasta la rodilla, en la que saltamos. Nuestros pies están separados a la anchura de los hombros y nos ponemos en cuclillas. Movemos los brazos para ganar ímpetu y saltamos explosivamente a la caja, empujándonos hacia arriba.

Sentadillas y Variaciones

Una pequeña advertencia aquí, las personas con problemas de espalda baja deberían evitar este tipo de ejercicio.

Las sentadas estándar requieren que nos acostemos con las rodillas levantadas y los pies firmemente apoyados en el suelo. Ponemos los brazos, cruzados, sobre el pecho, y simplemente nos sentamos. Exhalamos mientras nos empujamos hacia arriba. Una vez que nos volvemos buenos en esto, al poner nuestras manos sobre nuestras cabezas, hacemos que el ejercicio sea más desafiante.

Podemos variar la actividad para trabajar en diferentes músculos de la parte superior del cuerpo convirtiendo el asiento hacia arriba en un asiento lateral hacia arriba. Aquí, mientras nos sentamos, giramos sobre nuestro codo, el cual colocamos en el suelo, doblado a noventa grados. Con los asientos laterales hacia arriba, lo mejor es alternar los lados sobre los que giramos.

Después de haber visto una variedad de ejercicios que podemos realizar para desarrollar nuestra fuerza en la parte superior del cuerpo, entonces elaboramos un programa para satisfacer nuestras necesidades individuales. Un programa típico podría ser algo así a continuación:

Cuarenta y cinco minutos - Quince repeticiones en cada actividad, dos circuitos. Recuerde estirar para calentar, y, no se puede exagerar, use pesas que le proporcionen resistencia, pero que no sean tan pesadas como para causar daño. Tome consejo profesional si no está seguro.

Comienza con sentadillas, seguido de zancadas y luego saltos de boxeo. Pase al trabajo con balones medicinales, por ejemplo, pase de pecho, pase lateral y pase de lanzamiento de peso. Luego sobre las pesas; rizos seguidos de levantamientos muertos. Termina el circuito con trabajo abdominal - abdominales - abdominales, luego siéntate y termina con abdominales laterales.

Las actividades de fortalecimiento de la parte superior del cuerpo se pueden usar como un comienzo para una sesión de entrenamiento larga o se pueden practicar por sí solas. Llevarlos a cabo dos veces por semana ayudará a los jugadores a desarrollar este elemento de su condición física sin poner demasiada tensión en el cuerpo.

Mantener la fuerza de la parte superior del cuerpo es mejor durante todo el año, fuera de temporada, así como durante los entrenamientos de pretemporada y los partidos. Es importante para todos los jugadores, pero especialmente para los centrocampistas y las mitades centrales, donde las batallas van a representar una gran parte de su juego.

"Pliométricas" - Entrenamientos para la velocidad

Los jugadores a nivel profesional realizan entre cincuenta y cien piques durante el transcurso de un partido. Cada pique puede ser de más de uno por minuto. Encima de esto, están los movimientos explosivos que se usan para crear espacio o golpear a un oponente.

Quizás sorprendentemente, no son los delanteros los que hacen más piques, de hecho, son los que más a menudo lo hacen atacando a los centrocampistas y a los laterales. Quizás sea una característica de la forma en que se ha desarrollado el fútbol profesional que se espera que estos defensas apoyen el ataque, proporcionando anchura y centros, así como que vuelvan a hacer su trabajo diario.

Hay cuatro elementos principales en los que hay que trabajar para el entrenamiento de velocidad.

- Pliométrica - Este es un entrenamiento para ese momento explosivo que inicia una carrera, o crea el espacio para golpear a un jugador o hacer un *tackle* (en sí mismo, a menudo una actividad de velocidad).

- La habilidad de hacer piques por sí misma
- Recuperación del pique
- Resistencia a la velocidad, la capacidad de mantener el pique a lo largo del juego.

Pliométricos

Para entrar un poco en la ciencia de la pliométrica, los ejercicios necesitan desarrollar los tres elementos de la acción explosiva. En primer lugar, la fase excéntrica, que consiste en preparar los músculos para la explosión de poder que se producirá en breve. Luego viene la etapa de amortización, que es el punto de transición entre la preparación para el despegue y su realización. Finalmente viene la fase concéntrica, a veces llamada la fase de despegue. Esto implica utilizar la energía almacenada de la etapa excéntrica para aumentar la potencia del movimiento.

Es interesante observar que siempre hemos buscado el salto, la primavera, el empuje, etc. en nuestras actividades deportivas. Pero es sólo relativamente reciente que hemos puesto esto en un contexto en el que entendemos que los músculos trabajan aún más eficazmente cuando la etapa excéntrica está conectada al punto concéntrico.

La prueba de Klatt

No hay duda de que emprender una serie de ejercicios para desarrollar nuestro explosivo uso muscular supone una gran carga para estos músculos. Incluso a nivel profesional, donde los atletas están altamente entrenados con entrenadores expertos, se producen lesiones. Los músculos de los tendones de la corva, de la pantorrilla y de la ingle a menudo se dañan durante las carreras y los placajes de los pulmones. Al entrenar, reducimos el riesgo de ese tipo de lesiones. Sin embargo, es necesario que exista un cierto nivel básico de flexibilidad antes de que el entrenamiento pueda comenzar con seguridad. Hay un proceso simple llamado la prueba de Klatt que los jugadores deben someterse antes de comenzar los ejercicios para desarrollar su velocidad explosiva.

Estas pruebas se realizan con los pies descalzos; se necesita a alguien para realizarlas, pero podrían formar parte de una práctica de equipo con jugadores trabajando en parejas.

La primera evaluación verifica el equilibrio y la estabilidad.

- El jugador se pone de pie sobre un pie.
- La pierna libre se levanta de modo que el muslo quede paralelo al suelo.

- La otra pierna permanece recta y los dedos de los pies están curvados hacia arriba.
- La posición se mantiene durante diez segundos.
- El observador nota el nivel de movimiento y temblor - debe haber poco.
- La prueba se repite con la otra pierna.
- Una segunda prueba es la postura en cuclillas.
- El jugador se pone en cuclillas sobre una pierna, doblando la cadera, la rodilla y el tobillo.
- La postura en cuclillas se mantiene durante diez segundos.
- La postura en cuclillas se repite con la otra pierna.
- Aquí, no es el nivel de agitación lo que importa, sino que hay poca diferencia entre cada pierna.

La segunda evaluación es una prueba de salto, para la cual se deben usar entrenadores.

- Salto de conejo de veinte metros que termina con una posición hacia abajo que se debe mantener durante diez segundos.
- El observador registra el número de lúpulos tomados, la profundidad del último lúpulo y cualquier sacudida o desviación que se produzca.
- A continuación, el jugador realiza un salto de una pierna durante diez saltos.

- Se registra la distancia recorrida y se observa la estabilidad en el aterrizaje.
- El último salto se mantiene durante diez segundos en la posición natural más baja.
- Se registra la profundidad de la postura en cuclillas (aproximadamente es fina) y también la cantidad de sacudidas.
- La actividad se repite con la otra pierna.
- El observador busca estabilidad y similitud en la distancia y profundidad de la postura en cuclillas entre las piernas.

Cuando se trata de evaluar la prueba, para el trabajo amateur se encuentra una impresión aproximada. (En instalaciones más profesionales, la prueba puede repetirse regularmente, se pueden medir los resultados comparados con el efecto del entrenamiento sobre la estabilidad del participante. Más estabilidad significa que se utiliza más energía de los músculos para crear el efecto pliométrico deseado.)

Los resultados que buscamos son una estabilidad razonable a través de todos los movimientos, y resultados similares con cada pierna. Siempre y cuando estén en su lugar, entonces debería ser seguro trabajar en algunos de los ejercicios pliométricos que se enumeran a continuación.

Tenga en cuenta que el examen está bien para adultos y adolescentes, pero a menudo la coordinación en niños preadolescentes (hasta la edad de once años aproximadamente) significa que los resultados pueden ser sesgados.

Algunos ejercicios pliométricos

Drop Jump

Esta actividad desarrolla los músculos de las piernas a través de caídas y saltos.

El entrenamiento es simple. Caemos desde una altura baja (nota, caída - no salto, ya que estamos desarrollando el estado excéntrico y concéntrico de los músculos) al suelo o a una caja. Inmediatamente después saltamos, buscando la altura máxima. El objetivo es saltar rápidamente, idealmente la transición que se pretende completar en un cuarto de segundo (aunque puede resultar un objetivo difícil de alcanzar).

Hay algunos puntos clave del ejercicio:

- Aterrizar en las pelotas de los pies - Si los talones tocan primero el suelo, entonces la altura desde la que hemos caído es demasiado alta y necesita ser bajada.
- Mantenga las piernas rígidas en contacto con el suelo.
- Mantenga las flexiones de rodilla y cadera lo más pequeñas posible.
- Aterrice con las piernas juntas.
- Salta tan alto como puedas.

La altura de caída es menos importante que la técnica y la altura del salto aquí, pero aún así una caída más alta desarrollará la velocidad de transición y la fuerza muscular hasta cierto punto. Comienza en torno a los 30 cm y a medida que se produce la mejora, aumentamos la altura de caída en intervalos de 15 cm.

Un buen consejo de entrenamiento es el estrés: Salta rápido, salta alto.

Hurdling and Bounding

Este es un entrenamiento realmente útil para desarrollar la velocidad de pique, ya que funciona tanto en las acciones verticales como en las horizontales involucradas en la velocidad. Hay varios ejercicios que se pueden emplear, y pueden ser mezclados y variados para mantener nuestro interés en el entrenamiento.

Probablemente es mejor empezar con los límites de dos piernas, ya que éstos ejercen menos presión sobre nuestros músculos y ligamentos, pero para mejorar realmente, necesitamos pasar a los límites de una sola pierna, saltos que podríamos llamarlos.

- Saltos de pie: Se trata de actividades de baja intensidad. Meter el cuerpo y saltar hacia arriba. Luego nos desarrollamos arrodillándonos, y en el salto, estiramos una pierna hacia adelante y aterrizamos como un salto. Entonces podemos convertir esto en un salto de longitud de pie.
- Para mover la actividad a intensidad media, añadimos múltiples saltos. Podemos hacer límites largos (zancadas exageradas); se pueden añadir saltos de conejo. Luego podemos añadir obstáculos bajos y hacer saltos de doble pie sobre obstáculos bajos y saltar escalones, aterrizando con dos pies.
- Entonces podemos construir un circuito que incorpore todo el trabajo de intensidad media.
- Para convertir esto a alta intensidad podemos añadir un salto de longitud al final. Así que, un pique de once pasos, dos saltos y luego un salto largo de un solo pie a un hoyo, o a una gran colchoneta.
- El trabajo de mayor intensidad y con obstáculos implica mantener la posición durante unos segundos antes de seguir adelante. Por ejemplo, comenzar con una caída, saltar y sostenerse en el

aterrizaje; poner en salto, sostenerse, saltar, sostenerse, atarse, sostenerse, atarse, atarse, sostenerse, escalón, sostenerse, saltar hacia abajo y hacia arriba y sostenerse, y terminar con un salto de longitud.

Son ejercicios específicamente diseñados para desarrollar las capacidades explosivas de las piernas, que son las que se necesitan para correr en el fútbol. La pliométrica también existe para la parte superior del cuerpo y los brazos, pero no es tan relevante para el jugador de fútbol.

A continuación, se presentan ejemplos de dos sesiones que podrían utilizarse para desarrollar la fuerza pliométrica, aunque los jugadores y los entrenadores pueden desarrollar fácilmente la suya propia. El primer entrenamiento es de menor intensidad que el segundo.

Sesión A

(Asume que los participantes ya están calientes).

1. Comience con ejercicios rápidos y explosivos para desarrollar la fuerza elástica. Veinte saltos de baja caída seguidos de tres circuitos de diez saltos de doble pie de baja valla.

2. A continuación, concéntrese en actividades que ayuden a desarrollar la fuerza concéntrica. Veinte saltos de longitud de pie; veinte saltos de vallas de altura (dos pies)

3. El aspecto final de los entrenamientos es trabajar en la resistencia excéntrica. Esto podría ser diez saltos de caída más altos.

Sesión B

Esta sesión es más progresiva e incluye trabajo en la parte superior del cuerpo.

1. De diez a veinte saltos de doble pie en vallas bajas.
2. Cuatro a seis circuitos de veinte límites seguidos de diez saltos (alternando el pie en cada circuito). Recuerde, la intensidad puede ser incrementada manteniendo la posición de aterrizaje después de cada salto y atado.
3. De diez a veinte pasos en una caja. Diez saltos de doble pie sobre una caja.
4. Si se añaden los límites de velocidad, se trata efectivamente de correr con zancadas largas y saltantes. Tres juegos de seis a diez está bien.
5. Trabaje la parte superior del cuerpo y los músculos abdominales con tres minutos de tiros de pelota medicinal, como se ilustra en el capítulo anterior.

Las sesiones pueden intensificarse añadiendo subidas de carrera, por ejemplo, cinco zancadas en los pasos, límites o saltos.

En términos de la duración de las sesiones, los ejemplos anteriores incluyen alrededor de cien "contactos" para la primera sesión, y cerca de doscientos para la segunda. Sin embargo, la pliométrica se refiere más bien a la calidad que a la cantidad. Incluso para los atletas experimentados, doscientos contactos son el máximo recomendado, con ciento cincuenta un buen número para la mayoría de las sesiones entregadas a los experimentados y en plena forma. Entre cuarenta y sesenta contactos es más que suficiente para los principiantes.

Siempre permita un minuto de descanso entre las repeticiones y los ejercicios. Evite el cemento o las superficies asfaltadas para los entrenamientos - ya sea césped o un piso de gimnasio adecuado es mejor porque el suelo protegerá los músculos, ligamentos y huesos contra parte del impacto.

Si los jóvenes están haciendo los ejercicios - adolescentes y más jóvenes - entonces el impacto en el cuerpo necesita ser reducido y treinta a cincuenta contactos es el máximo, dependiendo de la edad y la experiencia. No queremos dañar los huesos y músculos en crecimiento.

Recuerda, el mantra aquí es:

¡Calidad, no cantidad!

Prácticas de hacer piques

La pliométrica ayudará a nuestros músculos a desarrollar la calidad explosiva necesaria para el pique. Sin embargo, la técnica también es importante, y podemos hacer ejercicios para mejorarla.

Posicionamiento para elPique

En el fútbol, esos primeros tres a cinco metros son esenciales para conseguir una ventaja sobre nuestro oponente, ya sea delantero u oponente. Este entrenamiento nos ayuda a llegar a la posición correcta para nuestra ráfaga de velocidad.

- Empezamos con el cuerpo erguido, las piernas separadas a la anchura de las caderas.
- Nos inclinamos hacia adelante hasta que empezamos a caer. Es nuestra cabeza la que controla este movimiento. Podríamos tener la sensación de que nos estamos inclinando demasiado, pero en realidad nuestros cuerpos estarán en el ángulo perfecto para ser una aceleración rápida.

- A medida que nos inclinamos, nos desplazamos para elevarnos sobre la planta de los pies. Es importante que durante todo el proceso de inclinación no nos doblemos en la cintura.
- Cuando sentimos que estamos comenzando a caer, movemos las rodillas y nos levantamos del suelo con las pelotas de los pies. Deberíamos sentir la fuerza de esto.
- Mantenemos los codos firmes a noventa grados, y el balanceo de nuestro brazo proviene de la articulación del hombro. De este modo, mantenemos el equilibrio y creamos la máxima fuerza de avance.
- Mantenemos las manos relajadas - esto es muy importante para el fútbol, porque es posible que nos entorpezcamos, y necesitamos que nuestras manos estén lo suficientemente relajadas para poder movernos con facilidad y mantener el equilibrio. ¡No podemos correr si estamos tumbados en el suelo!
- Luego corremos diez o veinte metros, sea cual sea el pique que estemos practicando.
- Tenemos un tiempo de recuperación caminando de regreso a la salida.
- Deberíamos repetir el ejercicio diez veces como parte de la rutina de mejora general. Si los piques son más largos, podemos optar por reducirlo a seis u ocho repeticiones.

Arranque del pique

Este entrenamiento no es directamente transferible al campo de fútbol, pero nos ayudará a conseguir la mejor posición corporal para correr durante un partido.

- Colocamos dos conos a unos veinte metros de distancia.
- En el primer cono, nos tumbamos boca abajo, con la mano lista como si estuviéramos a punto de hacer una flexión.
- A la señal, subimos y corremos hacia el segundo cono.
- La posición inicial de nuestro cuerpo será muy baja, y buscamos mantener la posición más baja posible. Esto genera la máxima potencia en el arranque.
- Repetimos el ejercicio de seis a ocho veces.

Pique de retroceso

Este es un entrenamiento que trata de imitar la situación real del partido, cuando los jugadores están en la sombra de la pelota o de su oponente antes de entrar en un pique.

- Colocamos cinco conos a cinco metros de distancia, y los numeramos del uno al cinco.
- Comenzamos en el cono uno, nos inclinamos en una salida de velocidad de pie y aceleramos hasta el cono tres.

- Retrocedemos hasta el cono dos. Mientras hacemos esto, nos mantenemos en la planta de los pies, usamos los brazos para equilibrarnos y mantenemos el cuerpo bajo para mantener un centro de gravedad que permite un cambio rápido y ágil de velocidad (o dirección).
- En el cono dos, movemos nuestro peso hacia delante y conducimos con las piernas en las pelotas de nuestros pies y corremos al cono cuatro.
- Luego repetimos para volver a tres y luego a cinco.
- Podemos repetir la actividad cinco veces.

Pique Trotando

Este es otro entrenamiento en el que buscamos replicar situaciones de partidos reales, convirtiendo los trotes en piques.

- Colocamos tres conos - uno y dos están a veinte metros de distancia, con un cono tres a diez metros más adelante.
- Corremos a una velocidad del 75% desde el cono uno hasta el dos.
- Concentrándonos en nuestro ángulo, caemos a nuestra posición de pique, conducimos nuestras piernas y corremos hasta el cono tres.
- Volvemos al cono uno. Esta vez, en lugar de correr, barajamos, con movimientos de lado a lado, así como una tendencia general hacia

adelante. Esto es para imitar cómo podríamos seguir a un jugador mientras se mueve por el terreno de juego.

- De nuevo, en el cono dos caemos a nuestra posición de hacer un pique y nos dirigimos hacia adelante para una carrera de diez metros.
- Podemos repetir el ejercicio tres veces.

Recuperación de Pique

Nuestra resistencia cardiovascular será un factor clave en la velocidad con la que nos recuperamos de un pique. Los ejercicios que desarrollan esto resultarán en una recuperación más rápida de un pique.

El ejercicio a continuación nos permite tanto practicar la recuperación del pique como medir cómo vamos progresando a medida que desarrollamos nuestra resistencia cardiovascular.

Prueba de Recuperación de Resorte y Perforación

- Necesitamos cuatro conos. Se distribuyen en una línea de cinco metros entre el cono uno y dos, diez metros entre dos y tres, y otros cinco metros entre los conos tres y cuatro.
- Corremos de uno a dos, piques de dos a tres y trotes de tres a cuatro. Mientras tanto, se mide nuestro elemento de *pique* del entrenamiento.

- Mientras terminamos el trote, en el cono cuatro, esperamos diez segundos, y luego repetimos el regreso hacia el otro lado. Una vez más, nuestro tiempo de pique se mide.
- Repetimos la actividad hasta que hayamos completado seis piques.
- Podemos usar los datos para rastrear nuestra velocidad de pique a lo largo del tiempo. El objetivo es que todos los piques tengan el mismo ritmo.
- La prueba se puede adaptar a carreras cortas de cinco metros (aunque el cronometraje puede ser difícil aquí) y extenderse a carreras de veinte e incluso treinta metros.
- Los jugadores deben trabajar en la duración del pique que tienen más probabilidades de emplear. A los porteros no se les exige a menudo que corran con regularidad, pero su velocidad por encima de los diez metros merece la pena dedicarles tiempo. Los defensas centrales y los delanteros tienden a hacer piques más cortos, por lo que pueden trabajar hasta diez o quince metros. Las espaldas completas y los mediocampistas tienen más probabilidades de hacer piques más largos y, por lo tanto, deben trabajar hasta veinte o treinta metros.

Pique de Resistencia

Una vez más, nuestra resistencia cardiovascular general ayudará a nuestra capacidad de correr al principio del juego y a mantener el ritmo a medida que surja la necesidad en los próximos noventa minutos. El entrenamiento anterior funciona muy bien para medir y practicar esto con una ligera adaptación. En lugar de realizar seis piques con un espacio de descanso entre ellos, dividimos la sesión de entrenamiento en cuatro elementos (algo que es probable que ocurra de todos modos).

Una vez que hemos calentado, realizamos una o dos de las carreras. Luego, durante la sesión, realizamos la prueba dos veces más, a intervalos razonablemente regulares. Terminamos la sesión con la práctica de pique. Una vez más, podemos medir si la resistencia del pique de nuestros jugadores, o de nosotros mismos, es fuerte haciendo coincidir los tiempos al principio de la sesión con los tiempos al final.

Si no lo son, podemos usar algunos de los ejercicios cardiovasculares descritos anteriormente en este libro para tratar el problema.

En este capítulo hemos mirado con cierto detalle los ejercicios que podemos usar para mejorar nuestra velocidad y capacidad de pique en el fútbol. Estos han incluido ejercicios que desarrollan nuestra capacidad de hacer piques, y aquellos que trabajan en la habilidad en sí.

En el fútbol, la mayor parte del tiempo lo pasamos sin el balón, buscando hacer carreras, o cubriendo las realizadas por jugadores contrarios. Necesitamos esa ráfaga de velocidad para llegar primero al balón para crear una oportunidad de gol, ganar la posesión o impedir que el adversario tenga un disparo a puerta.

Hay momentos en los que tenemos que correr con la pelota. Debería haber prácticas regulares, tal vez usando los ejercicios más adaptables desde arriba, cuando practiquemos el pique con la pelota (controlando con nuestros cordones para asegurarnos de que nuestra zancada no se rompa).

Después de analizar el pique, investigaremos el entrenamiento de resistencia para asegurarnos de que estamos mejor preparados para superar los noventa minutos sin que se produzca ninguna caída en el rendimiento.

Resistencia

Es un escenario con el que todos estamos familiarizados. Diez minutos para terminar, 2-1 adelante y tenemos un tiro de esquina. Subimos las mitades centrales y nos movemos a nuestra posición en el borde del área. El córner entra, se dirige despejado y cae al centro hacia adelante. Sigue adelante y somos conscientes de que su jugador más veloz se nos está acercando. Tiene el mismo ritmo que nosotros, a pesar de los entrenamientos que hemos hecho, no podemos igualar.

Pero tenemos que seguirle el ritmo, aunque sea a lo largo del campo. Las piernas pesadas, la cancha mojada, salimos. ¿Hacemos la carrera de estallido de pulmón que termina con nosotros llegando justo a tiempo para entrar en el último segundo? ¿O fracasamos, con las manos en la cadera, el pecho en llamas, en la línea de mitad de cancha mirando la pelota desde la red de portería?

O tal vez sea al revés, y nosotros estamos detrás y enfrentándonos a una situación de bola muerta. Defendemos el córner, nuestro centro se despeja. Nuestro delantero lo sostiene en alto y necesita desesperadamente apoyo para meter el balón en los metros de espacio que hay delante. ¿Llegaremos allí, dándonos la oportunidad de marcar el gol del empate? ¿O esa oportunidad va a recaer en otra persona? ¿O a nadie en absoluto?

La resistencia es la capacidad de producir un esfuerzo sostenido. Esfuerzo físico o mental, eso es.

A continuación, se presentan algunos ejercicios que podemos utilizar para aumentar la resistencia física. Son ejercicios estupendos, pero no deben practicarse en los dos días siguientes al siguiente partido, ya que provocan un agotamiento del juego, ¡que es lo último que intentamos conseguir!

Driblar y correr

Este ejercicio es ideal para los principiantes, los menos aptos o para la primera sesión después de la pausa de mitad de temporada. Sabemos que la hora, por decididos que estemos a mantenernos en forma, la tentación de una cerveza fría en la terraza, una pizza al paso y un helado refrescante eran demasiado grandes... la mayoría de los días. Y ahora, con nuestro equipo, la camiseta de fútbol un poco demasiado pegajosa en el medio, sabemos que tenemos trabajo que hacer.

El entrenamiento es sencillo y ayudará a crear resistencia rápidamente y con sólo un poco de dolor!

El entrenamiento utiliza la anchura del paso. Goteamos el balón a toda velocidad desde la línea de banda hasta la mitad del campo. Allí dejamos el balón y corremos a la línea de banda opuesta a trote rápido, digamos un ochenta por ciento de la velocidad máxima. Nos damos la vuelta, todavía en un trote rápido y volvemos a la pelota. Luego regateamos el balón a toda velocidad y volvemos a la línea de banda original.

Comprobamos el tiempo que nos llevó hacer el ejercicio, y el resto de ese tiempo. Así que, si tardamos ochenta segundos en completar el recorrido, descansamos ochenta segundos. Repetimos el ejercicio hasta que lo hayamos completado seis veces.

- *"Shuttles"*

Este entrenamiento es un poco más exigente y es el más adecuado para aquellos que han mejorado su resistencia básica y ahora necesitan desarrollarla más.

El entrenamiento utiliza la mitad del terreno de juego, trabajando desde la línea de meta hasta la línea de mitad de camino. Es una actividad en grupo y requiere dos bolas. Una pelota está en la línea de mitad de cancha, la otra es sostenida en la línea de meta por un compañero. Otro compañero de equipo se encuentra a diez metros de la línea de mitad de cancha, en la misma mitad del campo que sus compañeros de equipo. Nos paramos a mitad de camino entre la línea de meta y la línea de mitad de camino. Los tres jugadores están en línea recta.

Corremos hasta la línea media y pasamos el balón al compañero más cercano. Nos damos la vuelta y corremos en línea recta hacia el otro jugador. Ese jugador nos lanza un cabezazo, que hacemos y volvemos a él. Luego nos damos la vuelta y volvemos corriendo a nuestro punto de partida. Todos se mueven alrededor de una posición para dar algo de tiempo de recuperación. El ejercicio se repite hasta que cada uno de los tres jugadores haya completado el elemento de carrera seis veces.

Una ventaja real de los dos ejercicios vistos hasta ahora es que involucran trabajo con la pelota además de correr. Esto hace que ambos sean un poco más interesantes de hacer, pero también ayuda a mantener las habilidades del balón. La mezcla de trabajo con el balón y el trabajo fuera del balón también es bastante realista para la situación del partido.

De un extremo a otro

Este es un entrenamiento avanzado y realmente probará y desarrollará resistencia. Se trata de correr a diferentes velocidades sin la pelota.

Como el entrenamiento es más complicado que los dos anteriores, lo mostraremos en viñetas para facilitar la comprensión.

- Empieza por el banderín de córner.
- Corre alrededor de la cancha completa hasta que volvamos a nuestro punto de partida. No cortes las esquinas, porque hacerlo no ayuda con la disciplina mental. Reducir las curvas en un partido puede conducir a errores.
- De vuelta en nuestro punto de partida nos movemos al setenta por ciento de la velocidad total a la línea de mitad de camino.
- Luego completamos la vuelta completa corriendo.
- A continuación, aumentamos nuestra distancia de velocidad del setenta por ciento a lo largo de todo el campo antes de volver a trotar hasta el punto de partida.
- Repetimos la lista completa de los puntos anteriores.
- Hay un elemento más vigoroso en este entrenamiento que podemos usar.
- Ignorando el elemento de "repetición" del entrenamiento anterior, aumentamos nuestro elemento del 70 por ciento con un

"banderín de esquina" cada vez, hasta que completemos el circuito completo al 70 por ciento.

- Eso es duro, ya que terminaremos con cinco circuitos completos que se ejecutan a una longitud cada vez mayor y a un ritmo más rápido cada vez.

- El entrenamiento imita el juego de parejas en el que corremos la mayor parte del tiempo, pero a diferentes velocidades.

Estos ejercicios realmente nos ayudarán a desarrollar nuestra resistencia física, pero hay más en ese atributo que la capacidad de correr durante noventa minutos.

Empezamos este capítulo con un par de escenarios de partidos. Aquí hay otra. Es 1-1 en los últimos cinco minutos. Estamos defendiendo una esquina. Tenemos a nuestro hombre bien marcado y confiamos en que, si el balón se le acerca, lo tenemos cubierto.

Cuando la esquina está a punto de colarse, vemos una carrera de otro jugador cercano, y comprobamos que su carrera está cubierta. Vemos que lo es, y luego oímos una ovación, vemos a nuestro portero postrado, a nuestros compañeros de equipo mirándonos acusadoramente. Cuando comprobamos la trayectoria del otro delantero y vimos que estaba tapada, nuestro propio hombre se rompió detrás de nosotros, se coló por delante y puso el córner firmemente en el córner con un remate de cabeza fino, pero sin marcar.

En ese momento nuestra concentración se había desconectado durante medio segundo, y era suficiente para costar un gol. Nuestra resistencia mental nos falló.

No hay duda de que existe un vínculo entre la forma física y la resistencia mental. Cuando estamos físicamente cansados, nuestra concentración disminuye o es más difícil de mantener. En el fútbol, tenemos que desconectar por un segundo, y puede costar un gol.

Incluso a nivel profesional vemos esto. Un centrocampista permite que un atacante le pase por delante, sin seguir la trayectoria. Nos distrae la aproximación de un adversario y perdemos un pase.

Tal vez el jugador que más necesita resistencia mental sea el guardameta. Él o ella puede pasar largos períodos de tiempo sin tocar el balón, luego necesita hacer una parada de reacción, tomar una decisión instantánea sobre si puede salir corriendo y despejar un balón de fondo o arrancar un centro del aire.

Pero todos los jugadores en el campo lo necesitan. El fútbol es un juego de equipo, y un equipo es tan fuerte como su eslabón más débil, lo que puede ser un cliché, pero sigue siendo cierto.

Sin embargo, hay ejercicios que podemos hacer que ayudarán a nuestra resistencia mental.

Creer en nosotros mismos

Mientras que la condición física juega un papel importante en el mantenimiento de la concentración durante un partido, también lo hace nuestra creencia en nosotros mismos.

Los estudios sobre los mejores atletas muestran una increíble confianza en sí mismos. Eso es algo que todos los actores necesitan desarrollar. Podemos entrenar para mejorar nuestra autoestima. Funciona así. Escuchamos nuestras palabras interiores. Tan simple como eso. Si nuestro pensamiento es, "ese extremo es más rápido que yo, y voy a luchar", la negatividad del pensamiento nos agotará. Pero si el pensamiento se vuelve, `ese extremo es rápido, pero puedo ganar nuestros duelos por mi posición', somos positivos y creeremos que podemos lograr el pensamiento.

La negatividad es agotadora, la positividad inspira - hay un mantra para cada jugador y cada entrenador.

Si vemos a los mejores jugadores de fútbol, sus cabezas no caen si pierden una oportunidad, si son golpeados en un desafío, averiguan lo que salió mal y lo abordan para la próxima vez, porque creen en sus habilidades.

Mirar el lado positivo

La visualización es otra manera de asegurar la resistencia mental, porque así como comer un plátano o una bebida de rehidratación nos dará energía física, la imagen de una escena positiva nos dará energía mental. Podemos visualizar de dos maneras durante un partido para ayudarnos a mantener la concentración. Si tenemos un momento de bola muerta específico, entonces podemos visualizar nuestro trabajo. Vemos que el penal se dirige a la esquina inferior. Nos imaginamos ganando de cabeza a nuestro oponente.

También podemos utilizar la visualización como un pick up. Si sentimos que estamos cansados o que acabamos de perder un duelo personal con nuestro oponente, entonces debemos imaginar acontecimientos positivos en nuestra cabeza. Vemos el gol que marcamos, el centro que pusimos o la entrada que hicimos. Eso eleva nuestra confianza y ayuda a nuestra concentración.

Todo el mundo comete errores - Planifique los suyos

Es lo que hacemos después del error lo que cuenta. Los jugadores más débiles se preocupan por su error. Ocupa sus mentes y conduce a un rendimiento más débil. Los mejores jugadores lo dejan atrás. Los errores le suceden a todo el mundo en algún momento. Deberíamos planearlo. Para ello, desarrollamos una rutina o un pensamiento que nos saca del momento negativo y nos devuelve a lo positivo.

No hay respuestas fijas para esto, cada uno tendrá su propia cosa para seguir adelante. Podría ser un pensamiento de su hijo, una canción que tocan en su cabeza, una cosa física que hacen, como trotar en el acto, o hacer un par de saltos.

La clave es desarrollar nuestro estímulo físico o mental, y planear utilizarlo cuando lo necesitemos.

Hágase cargo del estrés

El estrés no es necesariamente malo. Cuando lo sentimos, nuestro ritmo cardíaco aumenta, bombeando más sangre y oxígeno a nuestros músculos. Sin embargo, ese estrés puede ser positivo, en términos de excitación, o negativo en términos de preocupación o ansiedad. Tenemos que reconocerlo y trabajar para que nuestro estrés sea positivo.

Podemos hacer esto a través de técnicas de meditación, como pasar dos minutos antes de un juego relajando conscientemente nuestros músculos progresivamente de los dedos de los pies a la cabeza. Podemos, como en el ejercicio anterior, visualizar algo positivo para ayudarnos a convertir la preocupación en algo positivo.

Nos corresponde a nosotros como individuos reconocer lo que funciona para nosotros. La clave es entender que un poco de estrés antes de un gran partido, o en un momento clave de un partido, es normal. Tenemos que controlarlo, en lugar de dejar que nos controle a nosotros.

Sueño

El sueño ayuda con la resistencia mental. Los adultos necesitan de siete a nueve horas por noche, los adolescentes (la edad más difícil para dormir con bastante frecuencia) de nueve a once horas y los preadolescentes alrededor de diez. Las investigaciones han demostrado que el sueño ayuda al cuerpo a repararse físicamente. Pero lo que es más relevante para esta sección del libro, también nos ayuda a mejorar nuestra capacidad de tomar decisiones en fracciones de segundo y hace que nuestro tiempo de reacción sea más rápido.

Habrá entrenadores alrededor que descartarán estos ejercicios de resistencia mental, de hecho toda la importancia de la parte mental del juego.

Pero están equivocados; una vez más, podemos tomar la delantera desde los mejores clubes profesionales. Éstos emplearán a entrenadores específicamente para trabajar con los jugadores con el fin de aumentar su resistencia mental. Si no fuera importante, esos entrenadores estarían sin trabajo.

En este capítulo hemos visto la manera de desarrollar los atributos importantes de la resistencia física y mental. A continuación, veremos el otro lado de la parte mental del juego: la disciplina mental.

Disciplina mental

Una mala disciplina mental puede tener consecuencias drásticas tanto para nuestro equipo como para nosotros mismos. Los siguientes son algunos de los resultados de una mentalidad débil - si alguno se aplica a nosotros, o a nuestros jugadores, entonces tenemos que hacer algo de trabajo para poner nuestro estado mental al día.

- Me meto en problemas con el árbitro.
- Termino en discusiones negativas con mis compañeros de equipo. (Tenga en cuenta que la crítica positiva es algo bueno, al igual que el estímulo. Estamos hablando del tipo de cultura de la culpa que pronto se extiende a través de un equipo).
- Pierdo la concentración en los partidos, aunque en los entrenamientos estoy bien.
- Me siento frustrado con mi desempeño y me hace sentir como si me diera por vencido.
- Me quito los calcetines en los entrenamientos y no los puedo reproducir durante los partidos.
- Creo que mi confianza se basa en los partidos, pero está bien cuando entrenamos.

- Siento que mi actuación está dominada por la determinación de evitar errores.

Respiración profunda

El fútbol es un juego competitivo, con mucho contacto físico. Las leyes se aplican subjetivamente y están en manos de un solo árbitro. Esa es una receta para la frustración, y muchos de nosotros nos perdemos con un árbitro o nos lanzamos a un placaje duro del que nos arrepentimos inmediatamente y que está fuera de lugar para nuestra personalidad.

Podemos controlar ese destello de ira con la respiración. Respirar profundamente diez veces después de un incidente nos aleja del punto de contacto inmediato y también produce un efecto fisiológico en nuestro cuerpo que puede ayudarnos.

Con la respiración profunda, se liberan endorfinas que nos ayudan a relajarnos y a calmarnos.

Podemos practicar esto en nuestra vida diaria. Todo el mundo tiene frustraciones, y si practicamos el ejercicio de la respiración a diez profundidades cuando algo nos molesta en casa o en el trabajo, se convertirá en algo natural hacer esto en el ambiente más desafiante de un partido de fútbol competitivo. La técnica es fácil de dominar. Respire lenta y profundamente por la nariz, sosténgalo por un par de segundos y suéltelo lentamente por la boca.

Entender la fortaleza mental

Científicos deportivos de la Universidad Lincoln del Reino Unido y de la Universidad John Moore (en Liverpool) acaban de realizar un estudio sobre lo que constituye la fortaleza mental en el fútbol. Sus hallazgos son interesantes; y al entenderlos podemos ver que la fortaleza mental es algo que podemos desarrollar siguiendo los rasgos de aquellos que la poseen.

En primer lugar, y quizás no es de extrañar, aquellos con fortaleza mental eran mucho más propensos a convertirse en jugadores exitosos, incluso más que algunos jugadores que eran físicamente mejores, pero mentalmente más débiles.

La dureza mental fue definida por los siguientes rasgos:

- La capacidad de aceptar las críticas.
- La voluntad de tomar el control de su propio aprendizaje.
- Una voluntad de sacrificar otros placeres por el fútbol.
- Una falta de necesidad.

- Jugando con las fortalezas de cada uno, mientras se trabaja en las debilidades.
- Habilidades para resolver problemas.

La capacidad de aceptar las críticas se produce si nos hacemos confiar en nuestro entrenador (o, si un entrenador confía en nuestros jugadores), si planificamos formas de abordar esas críticas y, finalmente, si entendemos que, independientemente de cómo se expresen, no son personales. Por supuesto, podrían serlo. Algunos entrenadores no son tan profesionales como otros, pero no durarán mucho. Si las críticas motivadas personalmente se vuelven excesivas, es probable que sea hora de cambiar de club.

Al hacerse cargo de su propio aprendizaje, los investigadores encontraron que los jugadores mentalmente fuertes elaboran rutinas y prácticas de entrenamiento para abordar sus debilidades. Hacen esto independientemente (tomando consejo cuando es necesario) y luego pasan su propio tiempo trabajando para resolver sus problemas.

Así que, si como jugador, la crítica es que tendemos a perder el ritmo en el último trimestre, podemos trabajar en algunos de los ejercicios de resistencia mencionados anteriormente en el libro. Si hay una preocupación acerca de nuestra capacidad de pasar con nuestro pie más débil, podemos encontrar algunos ejercicios para tratar esto.

Los investigadores examinaron a los jugadores de la academia de los mejores clubes. Se trataba de niños y jóvenes que buscaban un futuro profesional. Muchos de los lectores de este libro tendrán ambiciones más bajas, o niveles de habilidad, que significan que la vida como profesional no es algo que sea probable. Esto no cambia los principios que subyacen a un enfoque mentalmente fuerte para jugar al fútbol.

La falta de necesidad fue definida por los investigadores de la siguiente manera: los jugadores más exitosos escucharon los puntos de entrenamiento, y luego se hicieron cargo de su propia capacidad para entregar estos puntos. Los jugadores necesitados necesitaban constante tranquilidad, aclaración si eran colocados en el banquillo de los suplentes para un partido, y mucho tiempo de sus entrenadores, en una medida desproporcionada.

La mayoría de los lectores de "Fútbol de alto rendimiento" serán jugadores para los que el placer es la mayor motivación para jugar. Por lo tanto, cuando hablamos de sacrificios, necesitamos ver esto en el contexto de nuestros objetivos. Sin embargo, no hay duda de que, si bebemos mucho, tenemos una dieta deficiente, perdemos el entrenamiento para actividades no esenciales, o dejamos nuestra condición física sólo a los horarios oficiales de entrenamiento, no seremos tan fuertes como podríamos serlo.

Cada individuo necesita establecer sus propias metas, y luego diseñar un programa para alcanzarlas. Eso probablemente implicará algún sacrificio de otras partes de su vida. Pero, la mejora en nuestro juego que logremos compensará con creces, digamos, que nos quedemos con una copa de vino con el almuerzo del domingo.

Los jugadores mentalmente fuertes no sólo trabajaron en sus debilidades. Tenían confianza en su capacidad y también jugaron con sus puntos fuertes. Por lo tanto, si nuestra fuerza es que tenemos mucha velocidad, pero nuestro primer toque a veces nos falla, jugaríamos de una manera que explote nuestra velocidad, por ejemplo, haciendo nuestras carreras detrás de la defensa.

También pasaríamos más tiempo trabajando en ejercicios para mejorar nuestro primer contacto.

La resolución de problemas se refiere tanto en situaciones de juego como en los entrenamientos - un ejemplo simple de lo anterior es que nuestro oponente es mucho más fuerte en el aire. Lo resolvemos, nos damos cuenta de que a menudo no ganaremos los cabezazos, así que déjanos caer un par de metros para asegurarnos de ser los primeros en la película.

La resolución de problemas en los entrenamientos puede estar relacionada con un programa de recuperación de pique que no está dando resultados. Los mejores jugadores desarrollarán ajustes a su programa de entrenamiento individual que podrán trabajar por su cuenta o discutir brevemente con sus entrenadores para obtener su opinión.

Así que la fuerza mental no se trata sólo de hacer algo a nuestra manera. También se trata de reconocer la importancia de aceptar las críticas y confiar en los consejos. Tomar orientación es en realidad una forma de fuerza mental, mientras que no escuchar los consejos es señal de una fortaleza mental más débil.

Podemos resumir este capítulo identificando los siguientes puntos como la clave de la parte mental del juego:

- Confianza en nuestra propia capacidad, desarrollada a través de la visualización de nuestros éxitos.
- La capacidad de convertir el estrés en algo positivo, utilizando la adrenalina creada como una fuerza para nuestro juego. Esto se desarrolla mediante el desarrollo de nuestras propias técnicas de "calma".
- Controlar la emoción del partido, una técnica para la respiración profunda.
- Desarrollar la fuerza mental.

En el capítulo final consideraremos la importancia de la dieta en nuestro estado físico y entrenamiento.

Dieta

Llevar una dieta sana y equilibrada es bueno para nosotros, ya sea que hagamos deporte o no. El ejercicio que hacemos al jugar al fútbol aumenta aún más nuestra salud. Tal beneficio significa que podemos disfrutar de un saludable resplandor de auto-adulación, ¡al menos por un tiempo!

Una dieta saludable combinada con buena voluntad de ejercicio:

- Reduce nuestras posibilidades de enfermedad cardíaca.
- Reduce la posibilidad de un derrame cerebral.
- Disminuye la posibilidad de desarrollar diabetes.
- Mejora nuestra digestión.
- Reduce la posibilidad de contraer algunos tipos de cáncer.
- Mantiene nuestra presión arterial a un buen nivel.
- Reduce las posibilidades de contraer o retrasar la aparición de enfermedades como el Alzheimer y otras enfermedades cerebrales degenerativas.

Si esos beneficios de salud no son suficientes, aquí hay más:

- Mantener nuestros cuerpos en forma y saludables.
- Mantener una mayor flexibilidad.
- Mejorar la salud de los huesos y los músculos.
- Desarrollar la autoestima que viene con sentirse bien.
- Disfrutar de una mejor calidad de vida.
- Mejorar nuestra concentración.
- Reducir el estrés negativo.
- Liberar endorfinas positivas.
- Como resultado de sentirse bien, disfrutar de mejores estados de ánimo y así establecer mejores relaciones.

Esperemos que el valor de una buena dieta sea uno de esos que no necesitan mayor justificación. De hecho, si comemos bien disfrutaremos más de nuestra comida, ya no dependeremos más de la excesiva sal y el azúcar que contribuye demasiado a la típica dieta occidental, lo que embotará nuestras papilas gustativas en el proceso. También condicionaremos nuestros cuerpos para reducir los antojos.

Con esos puntos firmemente establecidos, veamos lo que constituye una dieta saludable para un jugador de fútbol.

Alimentos para la resiliencia

Estos alimentos nos ayudarán a protegernos de las enfermedades, a producir energía y a recuperarnos rápidamente de las lesiones.

Los alimentos anaranjados, como las zanahorias, los albaricoques secos, las naranjas y el camote proporcionan mucha vitamina A, que nos ayuda a crecer y desarrollarnos.

La vitamina C ayuda al sistema inmunológico a funcionar correctamente, manteniéndonos sanos. Se encuentra en buenas cantidades en hojas verdes, pimientos, naranjas y kiwis. Los cítricos como los limones y las limas también son buenas fuentes. Unas gotas de limón fresco en un vaso de agua y un toque de hielo generan una bebida refrescante, si nos cansamos del agua pura.

Como regla general, en nuestra cena y almuerzo, nuestro plato debe consistir en que la mitad de este sea verdura con frutas que sustituyan a los pudines y dulces en nuestra dieta.

Recuperación de los entrenamientos y partidos

Tenemos que aumentar nuestras reservas de energía después del ejercicio intenso de un partido o de una sesión de entrenamiento vigorosa. Para ello, tenemos que asegurarnos de que estamos comiendo carbohidratos y grasas buenas. La pasta y el arroz son buenos para esto, con versiones de granos enteros mejores que los ejemplos blancos procesados.

Mucha agua asegura la hidratación que necesitamos para que nuestro cuerpo funcione correctamente, en este caso recuperándose de nuestros esfuerzos. Por último, los alimentos ricos en proteínas como el pollo, los huevos, la leche y el pescado con un contenido reducido de grasa ayudarán a garantizar que los músculos se mantengan sanos y listos para su uso.

La resistencia es un elemento crucial dentro de las herramientas de un jugador de fútbol, como vimos antes. Los carbohidratos de liberación lenta son importantes aquí. Las patatas, el arroz integral o la pasta ayudan a nuestros cerebros y cuerpos a durar en el partido. Por el contrario, los alimentos o bebidas azucaradas proporcionan una rápida explosión de energía, pero una que se disipa rápidamente, por lo que deben evitarse.

Con la mitad de nuestro plato hecho de verduras, otra cuarta parte debería consistir en carbohidratos.

Potencia

Los jugadores de fútbol necesitan poder. Esto viene de las proteínas. Deberíamos comer proteínas en cada comida como deportistas. Los buenos alimentos incluirán los mencionados anteriormente, además de frijoles, lentejas y tofu. La leche (baja en grasa) es una bebida efectiva después del partido. El cuarto restante de nuestro plato debe consistir en proteínas.

No debemos olvidar el calcio, que se encuentra en los productos lácteos, que ayudará a fortalecer nuestros huesos.

Manteniendo la Mente Sana

Hemos dedicado más de un capítulo al papel que juega el cerebro para convertirnos en un jugador de fútbol eficaz. La salud cerebral se ve aumentada por los aceites y las grasas. Los pescados grasos como el salmón y la caballa son una excelente fuente de aceites omega 3 que complementan el cerebro. Las nueces y las semillas son otro buen ejemplo - un puñado de nueces son un bocadillo saludable y sabroso que también es muy bueno para nosotros.

Es mejor evitar los alimentos con grasas saturadas, que incluyen las carnes rojas (extrañamente, dado su color, el cerdo cuenta como carne roja, junto con el cordero, la carne de res, la carne de venado, etc.). Otros alimentos que debe evitar son la mantequilla, el helado, las patatas fritas y la leche entera.

¿Cuánto?

Como futbolistas somos extremadamente activos, no necesitamos contar calorías. Imagínate, un gran plato de curry, acompañado de pan naan, una entrada y postre cremoso acompañados de 6 latas de cerveza, una dieta que debe ser ocasional.

Debemos de comer una variedad de colores en nuestra dieta, y también asegurar el equilibrio nutricional comiendo una variedad de alimentos de los grupos identificados anteriormente.

Necesitamos beber mucho líquido, un par de litros de agua al día. Hasta dos tazas de té y dos tazas de café están bien para representar parte de esa ingesta de líquidos.

Para resumir este capítulo sobre la dieta:

- Las comidas deben ser mitad vegetal, un cuarto de carbohidrato y un cuarto de proteína.

- Necesitamos incluir alimentos ricos en calcio en nuestra ingesta diaria (por ejemplo, un tazón de yogur natural con nueces y fruta fresca es un desayuno excelente, sabroso y nutritivo).
- Debemos comer una variedad de alimentos para asegurar el equilibrio y para que sea más fácil evitar los antojos de alimentos no saludables.
- Se deben evitar las azúcares procesadas, la sal excesiva (como la que se encuentra en los platos preparados) y las grasas saturadas.
- Por un corto período de tiempo, como se ha visto anteriormente en el libro, podemos emprender un corto período de ayuno que, combinado con el ejercicio, rápidamente quemará el exceso de grasa y nos dará una masa corporal magra.
- No hay validez en la muchas veces dicha afirmación de que no debemos ejercitarnos con el estómago vacío. Un entrenamiento ligero es beneficioso durante un ayuno.
- El ayuno debe ser un par de días a la semana de comidas mucho más pequeñas u omitir una comida al día.

Palabras finales

Gracias por comprar y leer este libro. Como alguien que disfruta del deporte, ya sea jugando o entrenando, esperamos que haya proporcionado una mezcla de los beneficios científicos de una buena forma física y mental, la importancia de estos en el fútbol y algunas formas prácticas de alcanzar niveles óptimos de forma física.

Recuerde que jugar al fútbol se trata principalmente de divertirse. Una parte de ese placer viene de la satisfacción de saber que estamos jugando al mejor nivel que nuestra capacidad nos permite. Este libro nos ayudará a alcanzar el mejor nivel de habilidad.

Recuerde, sin embargo, que todos somos diferentes. Encontraremos nuestros propios estímulos mentales que funcionen bien para nosotros. También encontraremos los mejores programas de entrenamiento para alcanzar la velocidad, la fuerza, la resistencia y la recuperación rápida. Por favor, adapte los entrenamientos y ejercicios a sus propias circunstancias y necesidades.

Tal vez lo más importante es que la buena forma física que ganamos como jugadores de fútbol nos mantendrá en buen lugar durante el resto de nuestras vidas.

Disfruta de tu deporte.

www.ingramcontent.com/pod-product-compliance
Lightning Source LLC
Chambersburg PA
CBHW071221080526
44587CB00013BA/1447